La condition féminine
et les Pères de l'Église latine

Flore Dupriez, Ph.D.

Éditions Paulines & Apostolat des Éditions

Composition et mise en page: Helvetigraf. Enr.

Maquette de la couverture: *Antoine Pepin*

ISBN 2-89039-863-3

Dépôt légal — 1er trimestre 1982
Bibliothèque nationale du Québec
Bibliothèque nationale du Canada

© 1982 Éditions Paulines
       3965 est, boul. Henri-Bourassa
       Montréal, Qué., H1H 1L1

       Apostolat des Éditions
       48, rue du Four
       75006 Paris

Tous droits réservés pour tous les pays.

Introduction

Pour tenter de connaître la place faite aux femmes dans une société qui opérait une lente mutation sous l'influence des principes du christianisme, il nous a paru essentiel de faire une large place à la pensée des Pères de l'Église latine. Ce ne fut point chose aisée que d'extraire des textes patristiques un portrait objectif et impartial de la femme de ce temps. Elle y apparaît généralement non pas comme un être autonome mais plutôt comme un des éléments du monde masculin. Elle n'est pas essentielle comme lui, elle est l'Autre. Elle est, de plus, souvent considérée comme l'Impure et la source du mal. Trouvera-t-on un jour l'origine de cette attitude? Les tabous sur les femmes prennent généralement leur source dans l'inquiétude des hommes face à l'insolite, à l'anormal. C'est leur manière d'exprimer leur angoisse devant des phénomènes incompréhensibles. L'humanité semble aussi perpétuellement à la recherche d'un âge d'or, où tout était pur et rassurant. Ce monde existe-t-il sur terre, est-il un horizon mythique et le christianisme a-t-il apporté une réponse à cette interrogation? La pureté semble en tout cas une notion suprahistorique. «La pureté n'existe pas et pourtant la pureté définit notre vocation», écrit Jankélévitch.[1] Il ajoute avec beaucoup de lucidité:

> Personne n'est pur ni jamais ne l'a été ni jamais ne le sera dans tout le genre humain comme dans toute l'histoire humaine, personne et pas même un saint, personne et pas même par miracle et pourtant le voeu de pureté proteste obstinément en nous contre les échecs, les démentis et les déceptions de l'expérience...[2]

---

1. V. JANKÉLÉVITCH, *Le Pur et l'impur*, Paris, 1960, p. 23.
2. *Ibid.*

En réalité, en s'insérant dans l'histoire, l'homme brise le cercle magique de la pureté car celle-ci l'introduit dans la temporalité. Dans la vie, l'homme agit, se compromet et entre en contact avec les autres. Il ne peut se permettre d'être puriste car cela le conduirait à refuser non seulement l'altérité mais aussi le changement, deux caractéristiques de la condition humaine. «Le purisme est une philosophie de la nostalgie, mais non pas de la vocation; de l'anamnèse, mais non pas de l'espérance.»[3]

Il nous paraît indispensable d'être conscient de cette nostalgie de la pureté si profondément ancrée dans le coeur humain pour comprendre les Pères de l'Église. Tous nous ont semblé en quête d'une femme idéale et pure qu'ils situaient soit dans un temps mythique, soit dans une perspective eschatologique. Ils étaient à sa recherche comme la femme de l'Évangile à celle de la drachme perdue et ils mirent autant d'ardeur qu'elle à poursuivre ce mythe.

Et d'autre part, comment pourrions-nous refuser le changement et l'évolution créatrice, conditions essentielles de notre historicité? Il est vrai que les mentalités n'évoluent pas toujours très rapidement. Les idées font un long cheminement avant de transformer la réalité quotidienne. Nous avons eu l'impression que, durant les premiers siècles de l'ère chrétienne, le stoïcisme, le platonisme et l'épicurisme ont continué de marquer très fortement la pensée romaine et les Pères de l'Église eux-mêmes furent formés à ces idées. Marqués par ces théories purement spéculatives, étaient-ils en mesure de saisir que le Christ avait prêché avant tout l'amour des autres, seule source véritable de pureté? Car il ne peut y avoir d'amour sans désintéressement et acceptation de l'autre tel qu'il est. Historiquement, l'on peut cependant constater que la femme est amenée par son rôle de mère à faire preuve de plus de générosité et d'amour. Cette attitude chez elle pourrait expliquer en partie l'hypertrophie de la place de l'homme dans la plupart des sociétés. Le droit romain et s. Paul proclamaient l'égalité théo-

---

3. *Ibid*, p. 85.

rique des hommes et des femmes, mais la réalité n'était-elle pas plutôt influencée par les réactions du moi égoïste, agressif et par un certain narcissisme? Certes, l'humanité porte en elle une potentialité de changement, mais l'histoire du monde a-t-elle été vraiment transformée depuis que s. Paul proclamait qu'il n'y avait plus désormais ni Juif, ni Grec, ni esclave, ni homme libre, ni homme, ni femme, car tous ne faisaient qu'un dans le Christ? Nous verrons comment les mentalités se sont doucement préparées à accepter l'idée d'une modification dans les relations humaines et comment elles l'ont plus ou moins comprise, mise en pratique ou rejetée durant les premiers siècles de l'ère chrétienne.

Le christianisme, qui se présentait comme un message salvateur, annonçait le retour à un état primordial de pureté semblable à celui qu'avaient connu Adam et Ève au Paradis terrestre. Dans cette optique, le mariage, même avec une épouse chaste, vertueuse et féconde, restait-il la forme idéale de vie? Peut-être existait-il un état plus parfait? La virginité fut très souvent présentée comme une sublimation du mariage, elle devait permettre à ceux qui s'y consacraient de participer dès ici-bas à la condition promise pour l'au-delà.

I
L'état de virginité

1. *Introduction*

Il semble opportun de se demander d'abord si la virginité, telle que le christianisme va la proposer et la glorifier, était déjà un concept familier à la mentalité des débuts du christianisme. Trouvait-on déjà avant les vierges chrétiennes des femmes vouées à la chasteté? L'on sait que les Vestales devaient rester chastes jusqu'à quarante ans, âge auquel elles pouvaient mettre fin à leur ministère. Nous sommes sans doute en présence d'une des premières intuitions que la chasteté pouvait être le témoignage de la pureté d'une religion qui exigeait pareil renoncement comme garantie de sa valeur d'imposition. Cette chasteté physique dérivait sans doute de rites et de tabous plus ou moins magiques, bien éloignés encore de la conception chrétienne de la virginité.

La philosophie grecque avait tenté d'inciter l'homme à la domination de ses instincts. Les adeptes du pythagorisme, par exemple, se soumettaient à des pratiques d'ascèse destinées à permettre à l'âme de maîtriser les impulsions du corps. Elles concernaient peut-être moins la continence sexuelle que les restrictions alimentaires.

À Rome, on attendait de la femme qu'elle soit maîtresse de ses passions et qu'elle soit chaste. On se souviendra du suicide de Lucrèce, préférant mourir que de vivre avec le souvenir d'une flétrissure bien involontaire, pourtant. Le viol de Lucrèce devint une véritable affaire d'État puisqu'il fit perdre à Tarquin sa couronne. La mort de Virginie, tuée par son père pour qu'elle ne soit pas déshonorée, causa aussi un émoi popu-

Tête de jeune fille romaine — Période Jule-Claudia (Minatia Polla)?
— (Bibliothèque Royale, Bruxelles)

laire. Ces deux exemples tendent à prouver qu'à Rome, la chasteté était considérée comme le bien le plus précieux de la femme et qu'elle avait une importance vitale et même magique ou religieuse; sa transgression pouvait même avoir des conséquences nationales.

Par contre, dans le monde judaïque, la femme avait toujours été considérée surtout en tant que mère. S. Paul disait: «La femme sera sauvée par sa maternité.»[1] Il semblerait même que, dans l'Ancien Testament, le concept de virginité ait été inaccessible aux Israélites, puisque ce mot n'existait pas dans leur vocabulaire.[2] Cette période a pu sublimer l'état de la veuve ou même de l'épouse stérile, mais mourir vierge sans avoir accompli sa mission maternelle était pour la femme juive une véritable malédiction. «Elle est tombée, elle ne se relèvera plus la vierge d'Israël.»[3] Il était tellement vrai que, chez les Hébreux, la femme n'avait de valeur que comme mère, qu'on l'appelait parfois par métonymie *raham*, c'est-à-dire ventre. La vierge ou la jeune fille était une femme non mariée qui n'avait donc pas encore atteint sa raison d'être, ce qui était considéré comme une déficience et même une cause de mépris.[4] Marie parlera de sa bassesse de vierge[5] dans ce contexte-là. En effet, dans l'Ancien Testament, on n'attachait aucune importance à l'état de jeune fille, antérieur à celui d'épouse.[6]

Cependant, au premier siècle de notre ère, sans doute à cause de circonstances politiques précaires, Israël va développer une littérature apocalyptique d'où sortira un courant ascétique opposé à l'optimisme de l'ancienne religion juive. Dans

---

1. S. PAUL, *Ier Tim.,* 2, 15.
2. MAX WEBER, *Ancient Judaism*, The Glencoe (111.), 1952, p. 191.
3. AMOS, 5, 1-2.
4. J. GOLD, «Vierge entre les vierges», *N.R.T.*, 95, pp. 463-477.
5. LUC, I, 48.
6. TH. MAERTENS, *La Promotion de la femme dans la Bible*, Casterman, 1968, p. 98. «Aussi longtemps que la virginité restera un état «en deçà» du mariage, elle exprimera la protestation de l'enfance devant l'âge adulte, le regret du passé perdu. Elle ne pourra jamais s'intégrer dans une religion où Dieu s'adresse à l'homme et à la femme comme à des partenaires adultes.»

des communautés sacerdotales comme celle de Qumrân ou des Esséniens, on va désormais préconiser le célibat. Ces hommes y menaient une vie austère de travail et réprouvaient le plaisir. Ils rejetaient l'esclavage[7] et s'interdisaient le mariage.[8] Sur ce dernier point, il n'y a cependant pas eu la conformité que l'on a cru. Selon Joseph, certains Esséniens acceptaient le mariage avec des femmes choisies pour leurs vertus, et il n'y avait d'union sexuelle qu'après des lustrations, ceci uniquement dans le but de la procréation.[9] L'abstinence n'était pas une pratique juive, mais fait plutôt songer à une influence pythagoricienne. Quoi qu'il en soit, il semble certain qu'il y eut des Juifs qui se séparèrent de la masse du peuple pour mener une vie plus fervente et se mieux préparer au règne de Dieu. Il semblerait que le christianisme primitif ait recruté des adeptes dans de tels milieux car la communauté de Jérusalem, groupée autour des apôtres, a beaucoup de traits communs avec celle de Qumrân.[10] Pline l'Ancien, célibataire endurci, admirait beaucoup les Esséniens, qu'il décrivit en ces termes:

> C'est un peuple unique et, dans le monde entier, plus admirable que tous les autres, ayant renoncé à tout ce qui est de Vénus, sans argent, vivant dans la société des palmiers, il renaît journellement en nombre égal par la foule de ceux qui affluent; en effet, ils vont vers eux en grand nombre ceux qui, fatigués par les fluctuations de la fortune, sont amenés par la vie à adopter leurs moeurs. Ainsi, depuis des milliers de siècles — pour incroyable que cela soit —, il existe un peuple dans lequel personne ne naît: à tel point est fécond pour eux le besoin chez les autres de faire pénitence pour la vie qu'ils ont menée.[11]

Pline ne pouvait évidemment comprendre l'ascétisme que du point de vue du stoïcien pour qui la paix intérieure ne

---

7. JOSEPH, *Ant.*, 18, 1, 5.
8. PHILON, *Quod omnis*, 12.
9. JOSEPH, *B.J.*, 2, 8, 13; *Ecrit de Damas*, VII, 5.
10. L. BOYER, *La Spiritualité du Nouveau Testament et des Pères*, Paris, 1960, p. 109.
11. PLINE L'ANCIEN, *Hist. nat.*, V, 17.

s'obtient que grâce à certains renoncements. Mais le message du Christ allait, en réalité, bien plus loin, puisqu'il venait donner à l'ascèse humaine un sens eschatologique. Ces renoncements devenaient alors des moyens privilégiés de se mettre à l'écoute de Dieu et au service de son prochain, parce qu'ils étaient faits en vue d'un au-delà.

Le texte fondamental de l'Évangile sur la virginité serait peut-être les paroles que Jésus prononça après avoir été interrogé par les Pharisiens sur le divorce. Il avait alors proclamé que ce que Dieu avait uni, l'homme ne devait pas le séparer. Ses disciples lui répliquèrent: «Si telle est la condition de l'homme vis-à-vis de la femme, il n'est pas expédient de se marier.»[12] Jésus leur répondit:

> Tous ne comprennent pas ce langage, mais ceux-là seulement à qui c'est donné. Il y a, en effet, des eunuques qui sont nés ainsi du sein de leur mère, il y a des eunuques qui le sont devenus par l'action des hommes, il y a des eunuques qui se sont eux-mêmes rendus tels en vue du Royaume des Cieux. Comprenne qui pourra.[13]

Il s'agissait donc bien d'un appel individuel, d'une grâce spéciale accordée à certains. Nous sommes loin des Vestales à qui, dès l'enfance, l'on imposait la virginité sans savoir si elles pourraient supporter les exigences de cet état. La chasteté de ces prêtresses doit, à notre avis, être plutôt rapprochée des rites à l'honneur chez certains peuples qui imposent des périodes de chasteté aux futurs initiés, chamans, sorciers et prêtres, pour accroître leurs réserves magico-religieuses et leur énergie sacrée. Les peuples indo-européens ont toujours considéré le jeûne et l'abstinence sexuelle comme des précautions essentielles pour se protéger des puissances hostiles et nuisibles. Ces pratiques sont associées au symbolisme de la mort et de la résurrection.[14] Les hommes, mis en présence des grands moments du processus cosmique et de l'histoire du monde, ont

---

12. *Mt* 20, 10.
13. *Ibid*.
14. MIRCEA ELIADE, «Chasteté, sexualité et vie mystique chez les Primitifs», *Mystique et continence, Études Carmélitaines*, 1952, pp. 29-50.

tenté de s'y associer pour permettre la perpétuation du genre humain. Il était vital pour eux que le cycle des saisons continuât; à celui-ci, l'on rattacha le culte de la lune dont on fit, dans la plupart des civilisations, l'élément féminin par excellence.

La déesse Lune avait en propre de n'être à aucun dieu comme épouse: elle était sa propre maîtresse, vierge et une. Elle pouvait porter un fils sans cesser d'être vierge ccomme le firent les déesses lunaires d'Asie, d'Europe et du Nouveau Monde.[15] La mère de Romulus était une Vestale, ne l'oublions pas: la paternité des jumeaux a pu être tardivement attribuée à Mars. La Lune a toujours été desservie par des prêtresses et implorée pour son pouvoir fertilisant. Elles lui demandaient la pluie pour les récoltes et veillaient sur le feu sacré qui représentait la lumière et qui ne devait jamais s'éteindre. Peut-être devrait-on considérer l'origine de l'institution des Vestales comme un vestige d'une ancienne civilisation matriarcale.[16] Cette dernière serait-elle d'origine étrusque ou le vestige d'un fond commun d'une civilisation italo-attique, puisque c'est à Numa Pompilius que l'on doit l'introduction de ce sacerdoce? Le culte de Vesta est cependant antérieur à l'arrivée des Étrusques à Rome.

L'on voit donc réuni, dans le sacerdoce des Vestales, le double symbole de la virginité et de la fécondité, comme dans le cas des vierges-mères. En effet, elles sont associées à la fois aux rites de fécondité (eau-lune) et à ceux du feu qui représente la virginité. Le feu était, de plus, un bien extrêmement précieux car il avait permis à l'humanité d'accéder à la civilisation. La vierge, stérile et gardienne du feu, connaît donc un état plus parfait et plus proche de la divinité.

---

15. E. HARDING, *Les Mystères de la femme dans les temps anciens et modernes*, p. 113.

16. L'on pourrait retrouver d'autres traces d'une civilisation matriarcale dans l'institution du mariage telle qu'elle était conçue à Rome; la femme y avait une place inconnue chez les peuples indo-européens et transmise, peut-être, par les Étrusques.

Au Pérou, les prêtresses de Mana Quillas, comme les Vestales, étaient responsables des rituels de pluie. Elles accomplissaient ces rites lors d'une cérémonie qui avait lieu aux ides de mars, c'est-à-dire à la période de la pleine lune. À Rome, pour obtenir la pluie, l'on jetait dans le Tibre des mannequins qui remplaçaient les sacrifices humains et l'on attendait l'eau indispensable à la vie. C'est encore la vie, mais la vie éternelle que les vierges chrétiennes désiraient obtenir en faisant profession de chasteté.

C'est plutôt dans le symbole du feu que l'on trouvera une image de la chaste stérilité des Vestales, car rien ne naît du feu, disait Varron. Paradoxalement, les prêtresses sont donc à l'image des déesses-mères, à la fois le médium de la fécondité et celui de la chasteté. Nous pourrions en effet dégager trois étapes à travers l'histoire de l'humanité dans le cheminement de l'idée de chasteté qui a abouti au concept chrétien de la virginité. La première démarche a été faite pour obtenir des dieux qu'ils accordent la fécondité de la Terre, en contrepartie de quoi des hommes ou des femmes leur sacrifiaient l'exercice de leur sexualité, fonction essentielle de l'être.[17] Ce sacrifice pouvait être conçu de deux manières différentes, soit à la façon des Vestales qui devaient rester vierges, soit à la façon des prostituées sacrées qui se donnaient à un étranger dans le temple de la déesse-mère pour obtenir d'elle la fécondité de la terre.

Au sens primitif, le mot «vierge» désignait la célibataire et avait une signification tout à fait distincte de celle que nous lui donnons maintenant. Les hiérodules s'appelaient aussi «vierges sacrées». Les enfants, nés hors du mariage, étaient désignés du terme «parthenioi», nés d'une vierge. Le latin, pour désigner une vierge dans le sens où nous l'entendons, précise *virgo intacta*,[18] car le mot sans plus ne désignait pour eux

---

17. Nietzsche a eu cet aphorisme: «La forme et le degré de sexualité d'un homme l'imprègnent jusqu'au sommet de l'esprit». Cf. aussi G. THIBON, *Médecine et sexualité*, pp. 195-214: «La forme et le degré de spiritualité d'un homme imprègnent jusqu'aux profondeurs du sexe.»
18. R. BRIFFAULT, *The Mothers*, vol. III, pp. 169-170.

qu'une femme non mariée. La virginité paraissait une condition nécessaire à la puissance des déesses-mères pour qu'elles puissent garder leur autonomie; et c'est pourquoi, après avoir enfanté, elles se plongeaient dans une fontaine de Jouvence qui pouvait leur rendre leur virginité perdue.[19]

Dans le même esprit, sans doute, Philon d'Alexandrie écrivait que «les relations avec des hommes, en vue de la procréation, rendent les vierges femmes. Mais si Dieu vient à s'unir à l'âme, il rend celle qui était déjà une femme vierge à nouveau». Nous retrouverons la même pensée chez quelques Pères de l'Église, pour qui la virginité ne tenait pas tant à la chair qu'aux dispositions spirituelles.

Dans une première démarche, encore tout intuitive, sur l'essence de la virginité, celle-ci fut pressentie comme une force qui avait pour corollaire des effets plus ou moins magiques. La démarche suivante eut des résonances plus philosophiques: certaines personnes éprouvèrent le besoin d'$\dot{\epsilon}\gamma\chi\varrho\dot{\alpha}\tau\epsilon\iota\alpha$ c'est-à-dire qu'elles renoncèrent à l'exercice de leurs forces sexuelles pour obtenir la paix intérieure et la maîtrise de leurs passions. Songeons aux Pythagoriciens qui éprouvaient tant de défiance envers le sexe, le plaisir, la volupté, la mollesse, donc tout ce qui pouvait les empêcher d'exercer leur effort ascétique pour arriver à la pureté de l'âme. Ils craignaient que la sexualité n'entraînât l'homme vers l'affaiblissement moral, et cela même lorsqu'elle s'exerçait «dans le temps et les limites de la vie conjugale».[20]

Enfin, dépassant de loin ces deux premières intuitions, la virginité, celle que le Christ est venu prêcher, devait donner à ceux qui y étaient appelés et qui y répondaient avec autant d'amour que d'humilité, la Vie éternelle. Grégoire de Naziance

---

19. V. PESTALOZZA, *L'Éternel féminin dans la religion méditerranéenne,* Bruxelles, 1965, p. 84.
20. M. DETIENNE, *Les Jardins d'Adonis*, Paris, 1972, p. 232.

exprima cette idée avec toute la sensibilité poétique qui le caractérise:

> De même qu'un peintre traçant des images sur un tableau
> Commence au moyen de traits légers et sombres
> D'esquisser son objet, puis, plus tard,
> En achève la représentation en y mettant les couleurs,
> Ainsi la virginité qui de tout temps appartenait au Christ
> Tout d'abord n'apparut que chez quelques-uns, cachés sous des ombres,
> Aussi longtemps que la loi régna sous des couleurs obscures,
> Et sa splendeur cachée n'était vue que d'un petit nombre.
> Mais quand le Christ, d'une chaste vierge mère,
> Exempte de tout lien, semblable à Dieu, sans tache, apparut,
> (Il fallait, en effet, qu'il naquît sans noces et sans père)
> Il sanctifia les femmes en repoussant Ève, la marâtre,
> Et défit les lois charnelles, par la prédication évangélique,
> L'esprit succédant à la chair et la grâce survenant,
> Alors, enfin la virginité brilla aux yeux des mortels,
> Libérée de ce monde et libérant le monde infirme,
> Dépassant d'autant les noces et les liens de la vie
> Que l'âme dépasse la chair,
> Le large ciel, la terre, la vie qui demeure pour les bienheureux
> Celle qui passe et Dieu l'homme.
> Alors, autour du Roi resplendissant se tint le coeur immaculé,
> Céleste, qui de la terre se hâte vers la divinisation,
> Portant le Christ, honorant la Croix, méprisant le monde,
> Mort aux choses du monde, attentif aux célestes...[21]

Pour Grégoire, héritier de la tradition philosophique grecque, la domination des instincts par la raison semblait conforme à la nature de l'homme sage. Elle était à l'honneur depuis fort longtemps, mais n'avait pu prendre son véritable sens qu'après l'appel du Christ qui était venu la placer dans un contexte eschatologique. Tout à coup, l'humanité s'était vue invitée à dépasser le plan terrestre ou même spéculatif pour atteindre à une conception spirituelle et transcendantale. La

---

21. GRÉGOIRE DE NAZIANCE, *Sur la vertu*, deuxième poème de la seconde section, v.74 *sqq*.

chasteté consacrée à Dieu restait cependant une voie difficile, ouverte seulement à ceux qui pouvaient en assumer toutes les exigences.

Nous verrons, au cours de ce chapitre, que l'appel du Christ, repris par s. Paul, sera souvent mal compris et que, dès le début du christianisme, l'on se mit à discuter de la valeur du célibat consacré par rapport au mariage, pour affirmer aussitôt sa supériorité. S. Augustin, qu'on ne peut soupçonner d'être un partisan du mariage, écrivit avec beaucoup d'objectivité, dans son traité sur la virginité, les phrases suivantes:

> Comme si nous avions entrepris de parler de n'importe quelle virginité et non de celle qui est selon Dieu. Ce bien, plus je le vois grand, plus je redoute pour lui le voleur qui le déroberait, l'orgueil. Ce bien de la virginité, nul ne le garde que Dieu qui l'a donné: et Dieu est charité (I Jean, IV, 8). La gardienne de la virginité, c'est donc la charité: mais la demeure de cette gardienne, c'est l'humilité.[22]

Cette virginité chrétienne considérée comme une vocation, les premiers textes évangéliques la demandent aussi bien aux hommes qu'aux femmes. Le Christ a parlé de dix vierges, et s. Paul, de la vierge chrétienne[23] mais aussi de son propre célibat. Dans ce chapitre, bien que nous nous attacherons plus spécialement à l'étude des idées des Pères de l'Église latine sur la virginité, nous ne serons pas sans reconnaître d'abord l'apport immense des Pères de l'Église grecque à l'édification de la doctrine chrétienne concernant la virginité.

2. *Les Pères de l'Église grecque et la virginité*

Nous avons déjà cité Grégoire de Naziance. Nous devons également à l'autre Grégoire, celui de Nysse, un traité sur la virginité. Il reconnaît que cet état va à l'encontre de la nature[24]

---

22. S. AUGUSTIN, *De sancta virginitate*, XI, 11.
23. *I Cor.* 7, 25.
24. GRÉGOIRE DE NYSSE, *De la virginité*, VII, 1, 6.

et que la continence n'est pas une fin en soi, mais un moyen privilégié d'atteindre à la contemplation.[25] C'est donc surtout une affaire d'âme[26] et aussi d'humilité car, dit-il,

> La seule louange satisfaisante de la virginité consiste à montrer que cette vertu dépasse les louanges et à s'émerveiller devant la pureté par la vie que l'on mène plus que par ses discours.[27]

Grégoire de Nysse avait été précédé par Basile d'Ancyre: ce dernier fut médecin et son oeuvre spirituelle est marquée d'un réalisme regrettable dû, sans doute, à sa première profession. Par contre, son expérience lui permit de se rendre compte des difficultés physiologiques et psychologiques que pouvaient rencontrer les vierges dans l'observation de la continence.

> Le mâle et la femelle ont été séparés l'un de l'autre mais Dieu les rassemble en des embrassements irrésistibles, et multiplie ainsi au long des siècles toutes les races d'êtres vivants qui pullulent à partir du germe primitif... Le mâle désire celle qui a été tirée de lui et cherchant à s'unir à elle, il retrouve dans cette union ce membre qui lui appartient. Ce désir violent... cette attirance charnelle est voulue par Dieu. La vierge même la plus pure n'ignore pas à quoi sert son corps ni à quoi sert le corps de l'homme, et que tout en elle appelle l'homme... La virginité est donc un état réservé à ceux qui veulent mener un combat contre eux-mêmes pour trouver la paix de Dieu.[28]

Le grand s. Basile, celui de Césarée, n'a pas consacré d'ouvrage à la virginité, mais il en traita dans d'autres oeuvres, telles ses *Règles morales* et ses *Ascétiques*.

Quant à Origène, qui vivait au IIIe siècle et fut un des auteurs les plus féconds de l'Église, il a été le principal précurseur de la spiritualité monastique. Contrairement aux autres Pères de l'Église grecque, il n'a pas fait de traité sur la virginité, mais on retrouve ses idées sur le sujet dans plusieurs de ses

---

25. *Ibid.*, V, 22.
26. *Ibid.*, II, 2, 21 et XV, 1, 5.
27. *Ibid.*, I, 35.
28. BASILE D'ANCYRE, *De la virginité*, 2 P.G. XXX, 672.

oeuvres.[29] Sans vouloir condamner le mariage, Origène est conscient du fait qu'il peut être la source d'un conflit entre la chair et l'esprit, le temps et l'éternité. C'est pourquoi il lui préfère la virginité car «qu'y a-t-il de plus noble que l'âme qui s'attache à l'esprit et s'unit à lui? Elle n'est plus l'âme alors, mais elle devient l'esprit.»[30] À son avis, la vie virginale est une vie angélique menée sur terre. La doctrine de la virginité qui s'élabore chez lui devient en fait une mystique de l'âme et du Verbe. Origène était profondément marqué par la philosophie platonicienne des Idées.[31]

Il fut également le premier à interpréter le *Cantique des cantiques* non plus comme un poème d'amour mais comme un dialogue entre l'âme et le Verbe. Les courants religieux, au cours de l'histoire, ont souvent perçu la sexualité humaine comme porteuse d'une signification sacrée. La masculinité est le symbole de la puissance, tandis que la femme représente l'accueil de cette puissance. L'union sexuelle peut dès lors symboliser le renouveau de la vie. Mircea Eliade a montré qu'il existait d'ailleurs une tension antagonique entre les types de sensualité féminine ou masculine, tension attribuable à une envie inconsciente des deux sexes de «pénétrer les mystères de l'autre et de s'approprier ses pouvoirs».[32] Cet antagonisme ne trouverait d'ailleurs pas toujours de solution dans une hiérogamie, mais dans beaucoup de cas, elle aboutirait à une androginisation rituelle. Le symbolisme dualiste serait d'ailleurs une constante des pratiques magico-religieuses dans le monde entier.

Le vocabulaire de toute la mystique chrétienne fut, dès le début, imprégné par celui des relations amoureuses de l'homme et de la femme. L'amour mystique est plutôt consi-

---

29. *Homélies sur Luc — Commentaires sur le Cantique des cantiques — l'Épître aux Romains — Contre Celse — Commentaire sur l'épître aux Éphésiens.*
30. ORIGÈNE, *Fragm. in Cor.*, XXXIV.
31. DOM OLIVIER ROUSSEAU, «Virginité et chasteté chez les Pères grecs», *Probl. de la religieuse d'aujourd'hui*, pp. 51-69.
32. MIRCEA ELIADE, La *nostalgie des origines*, Paris, 1971, p. 159.

déré comme une relation de type passif, donc féminin, car c'est l'âme qui est remplie par Dieu. Au XIIIᵉ siècle, Maître Eckhart exprimait clairement ce que pouvait être l'amour mystique pour l'âme chrétienne. L'humanité, lorsqu'elle honorait les déesses-vierges et mères avait déjà eu, nous semble-t-il, une première intuition de ce type de relation. C'est aussi sur ce plan qu'il faut nous placer pour comprendre la virginité.

> Pour devenir fécond, il faut que l'homme soit femme. Femme, c'est le mot le plus noble que l'on puisse adresser à l'âme, il est plus noble que vierge. Que l'homme conçoive Dieu en lui, c'est bien et dans cette prédisposition il est vierge. Mais que Dieu devienne fécond en lui, c'est mieux, car devenir fécond par le don reçu, c'est être reconnaissant pour ce don. Et l'esprit devient alors femme dans une reconnaissance qui engendre à nouveau.[33]

Nous retrouverons donc toujours ici les qualités fondamentales de la vierge chrétienne et qui étaient déjà celles de la matrone: le respect de la volonté divine, la chasteté et la fécondité, spirituelle cette fois. S. Jean Chrysostome est, après Origène, celui des Pères grecs qui a le plus écrit sur la virginité et aussi celui qui a le plus recommandé cet état à ses contemporains. Son traité *De la virginité* (vers 381)[34] commente avec enthousiasme, et non sans quelques outrances,[35] la pensée de s. Paul sur le mariage et la virginité. Il concède que le mariage peut être bon, mais trouve la virginité préférable, car elle fait de ceux qui y adhèrent des anges sur la terre. Peut-être trop imprégné de la cause qu'il défend laisse-t-il de côté tous les textes qui peuvent être favorables au mariage. Il lui arrive parfois de faire preuve d'une misogynie ridicule, comme dans les lignes qui suivent:

> Capable d'assistance pour les choses les plus insignifiantes, la femme, quand sa contribution est sollicitée dans les gran-

---

33. MAÎTRE ECKHART, *Traité des Sermons*, Paris, Aubier, p. 124.
34. Les homélies traitent souvent le même sujet, ainsi que les lettres à Olympias.
35. Cf. par exemple, XXXVII, 1-30; XXXIX, 49; LVI, 1; LVIII.

des, loin d'être utile à son mari, l'emprisonne dans les soucis.[36]

Il admet ailleurs, pourtant, que rien n'est plus puissant qu'une femme pieuse et intelligente «pour mettre son mari dans l'harmonie et pour modeler son âme comme elle le veut».[37] C'est, sans doute, au contact de la vertueuse Olympias qu'il finit par nuancer sa pensée. La virginité, lui écrit-il, est:

> ...une chose si grande et elle réclame un tel effort, que le Christ étant venu du ciel pour que des hommes il fasse des Anges et pour que la manière de vivre d'en-haut soit implantée ici-bas, n'a cependant pas osé imposer cette exigence, ni l'élever au rang de loi... Il a ordonné de porter sa croix continuellement, de faire du bien à ses ennemis, mais non pas de rester vierge.[38]

C'est surtout dans ses deux traités sur les cohabitations illicites que Jean Chrysostome se déchaîne. Sur un ton grinçant, il parodie un genre de vie soi-disant vertueux. Il termine cependant non sans délicatesse, par ces mots:

> Une jeune fille qui épouserait un roi de la terre se dirait la plus heureuse des femmes; ce n'est pourtant pas un roi de la terre qui te désire, ni l'un de tes compagnons de servitude...[39]

Encore une fois, nous retrouvons la vierge assimilée à l'épouse du Christ. C'est aussi avec beaucoup de tact que ce bouillant Père de l'Église, si dur parfois dans ses écrits et si exigeant, concédait à Olympias que sa vertu lui permettait d'être comptée parmi les vierges, même si elle avait été mariée. S. Paul, disait-il, appelait «vierge» non pas une personne qui ne s'était pas mariée, mais bien «celle qui fait des choses du Seigneur l'objet de sa sollicitude». Le Christ lui-même, ayant montré «combien est supérieure à la virginité la charité dont

---

36. JEAN CHRYSOSTOME, *De la virginité*, XLVII, 2.
37. JEAN CHRYSOSTOME, *Hom. in Johan.*, LXVI, 3; *P.G.* 59340.
38. JEAN CHRYSOSTOME, *Lettres*, VII, 7.
39. JEAN CHRYSOSTOME, *P.G.*, 47, 532.

vous tenez vous-même le sceptre, a exclu de ce choeur la moitié des vierges parce qu'elles sont venues sans elle».[40]

Il nous semble que si une telle modération, de même qu'une conception moins étroite de la virginité, avaient été plus répandues à cette époque, on aurait évité des excès de langage inacceptables, du moins pour nos mentalités du vingtième siècle. L'exigence extrême de vertu, qui a surgi à cette époque, est une réaction contre la dissolution des moeurs. Les Pères de l'Église, en réagissant fortement, voulaient sans doute opérer un redressement dans les mentalités. Ils se sont alors laissés aller à de violents réquisitoires, parsemés souvent de termes crus ou du moins fort réalistes, et les tableaux du mariage qu'ils ont tracés deviennent caricaturaux, sinon triviaux.

Méthode d'Olympe est un auteur qu'il faut aussi mentionner. Il a vécu en Asie Mineure à la fin du deuxième siècle. Très sûr au point de vue doctrinal, il s'opposa à Origène. Il écrivit un dialogue sur la virginité, imité de Platon et intitulé *Le Banquet*. Dans le jardin de la vertu, dix vierges font tour à tour l'éloge de la chasteté, considérée comme le sommet de la vie chrétienne. La virginité rend l'âme semblable à Dieu[41] et au Christ, qui est le roi des vierges ($\dot{\alpha}\rho\chi\iota\pi\dot{\alpha}\rho\theta\epsilon\nu$os). C'est le plus beau don que l'on puisse faire à Dieu. Cet état marque enfin l'apogée de la lutte de l'esprit contre la chair.[42]

Méthode s'est demandé comment, avec les progrès de la civilisation, l'humanité était arrivée à concevoir l'état de virginité. Comme beaucoup d'autres Pères de l'Église, il a l'impression que le monde était arrivé à un développement démographique suffisant pour justifier l'observation de la continence. Le précepte «croissez et multipliez-vous» relevait des exigences du temps de Moïse.

> Au début, l'on se mariait même entre frère et soeur, puis l'on épousa des étrangères pour peupler l'univers, puis cela fut

---
40. JEAN CHRYSOSTOME, Lettres, VIII.
41. MÉTHODE D'OLYMPE, *Le Banquet*, I, 4.
42. *Ibid.*, VIII, 2, 17.

> défendu et finalement d'étape en étape, l'on est arrivé à la virginité où par un attentif mépris de la chair, ils (les hommes) jettent hardiment l'ancre dans le havre serein de l'incorruptibilité.[43]

Le célibat est donc un ἀγων, un combat, comme la passion du Christ. Méthode voit aussi dans la virginité un moyen de retrouver l'immortalité perdue et de restaurer l'homme dans son état premier, tandis que l'union entre l'homme et la femme est essentiellement un acte transcendantal comparable à l'union entre le Christ et l'Église. Il insiste d'ailleurs, dans son troisième discours, sur la bonté du mariage. Il se sert beaucoup de l'image du mariage pour faire comprendre ses théories mystiques. Il parle des épousailles des vierges avec le Christ, dont elles sont les auxiliaires virginales: elles reçoivent de Lui la semence de sa doctrine. Imprégnées de la Vérité, les âmes rejettent les folies de la chair et deviennent les compagnes du Christ et donc, son Église.

> Comme la femme conçoit et met au monde au cours du temps un homme parfait, ainsi, peut-on dire, l'Église conçoit constamment en son sein ceux qui se réfugient vers le Verbe, les façonne selon la ressemblance et la forme du Christ, et, en fait au cours du temps, des citoyens de ces éternités bienheureuses...[44]

Encore une fois, la mystique chrétienne apparaît comme héritière de la conception phrygienne de la *Magna Mater*, transformée en *Mater Ecclesia*, à la fois épouse du Christ et mère des fidèles.[45] C'est ainsi que se construisit, petit à petit, la doctrine chrétienne sur la virginité. Les Pères de l'Église grecque ont joué un rôle de précurseurs et furent une source féconde pour les Pères latins.

---

43. MÉTHODE D'OLYMPE, *Le Banquet*, 1, 2, 18.
44. *Ibid.*, VIII, 6, 186.
45. E.O. JAMES, *Le Culte de la Déesse-Mère dans l'histoire des religions*, Paris, 1966, p. 218.

3. *Le gnosticisme*

Il ne faudrait pas minimiser non plus l'importance ni l'influence de certains mouvements gnostiques, qui virent généralement le jour en Asie Mineure, comme le marcionisme et le montanisme. Très souvent, c'est pour répondre à de telles doctrines que les Pères grecs durent préciser leurs conceptions et leurs théories sur le mariage et la virginité.

Marcion, dont le père était évêque, prêcha vers 140 une morale si rigoureuse qu'elle rejetait le mariage, considéré comme impur. Face à cette hérésie, l'Église dut réaffirmer bien haut la licéité de cette institution. Quant au Phrygien Montan, il se présentait accompagné de deux adeptes enthousiastes et même inspirées, Maximilla et Priscilla. Ces deux femmes, qui avaient abandonné leurs maris, devinrent les chefs d'une secte bientôt condamnée par le pape s. Éleuthère.

> D'autres, sectaires au sens de leur nature, Phrygiens de nation, se sont laissés surprendre et tromper par des femmelettes nommées Priscille et Maximile, qu'ils regardent comme des prophétesses... Ils mettent ces femmelettes au-dessus des apôtres et de tout don spirituel; certains d'entre eux osent même dire qu'il y a eu dans ces femmes quelque chose de plus grand que le Christ.[46]

Voilà ce qu'écrivait Hippolyte, qui combattit tous les mouvements gnostiques nés à cette époque (IIIe siècle), soit les Ébionites, les Naasséens, les Quartodécimaux, les Montanistes, les Encratites et les Marcionites. À propos de ces derniers, il disait:

> Il [*Marcion*] apprend aux adeptes de ces doctrines à s'abstenir de tout commerce avec la femme, pour ne pas collaborer et coopérer aux oeuvres de la Discorde sans cesse occupée à défaire et à mettre en pièces l'oeuvre de l'amitié.[47]

---

46. HYPPOLYTE DE ROME, *Philosophoumena*, VIII, 19.
47. *Ibid.*, VII, 29.

Si les gnostiques prêchaient une morale austère, ils n'en donnaient pas pour autant des exemples édifiants. Ils défendaient les secondes noces et souvent même les premières, mais forniquaient. Des hérésies comme le montanisme et le marcionisme subsistèrent jusqu'au sixième siècle. Le mouvement rigoriste existait déjà à Corinthe, puisque s. Paul, dans sa première épître aux Corinthiens (7, 1-7), proclamait bien haut les bienfaits du mariage et les dangers de s'en abstenir pour ceux qui n'avaient pas reçu un appel spécial de Dieu. Il eut même des paroles bien dures «pour les doctrines diaboliques» qui «interdisent le mariage et l'usage des aliments que Dieu a créés pour être pris en action de grâce par les croyants...».[48]

Tatien, toujours au deuxième siècle, fut le représentant le plus important du mouvement encratique, autre branche du gnosticisme, pour qui la matière était métaphysiquement mauvaise. Son créateur n'était point le Dieu suprême, mais un démiurge qui agissait à son insu et même contre lui. L'union de l'homme et de la femme n'était que corruption et prostitution ($\varphi\theta o\varrho\acute{\alpha}\chi A\iota\ \pi o\varrho\nu\varepsilon\acute{\iota}\alpha$), et le mariage était une invention du diable. À partir de cette période, l'on se mit à considérer le péché originel comme un péché sexuel, une convoitise charnelle. Or, le christianisme ne pouvait ignorer l'importance du corps, puisque le Christ lui-même s'était incarné et qu'il avait annoncé la résurrection de la chair.

Quant aux Évangiles apocryphes comme les Actes de Jean, de Paul, d'André, de Thomas, l'Évangile des Égyptiens, ils ont en commun avec le gnosticisme la tendance à l'ascétisme et au mépris de la femme, ce que la fin de l'Évangile selon Thomas illustre parfaitement:

> 116. Jésus dit: «Malheur à cette chair qui dépend de l'âme et malheur à cette âme qui dépend de la chair.»
> 118. Simon Pierre leur dit: «Que Marie sorte de parmi nous, car les femmes ne sont pas dignes de la vie.» Jésus dit: «Voici, moi, je l'attirerai pour que je la rende mâle afin

---

48. S. PAUL, I *Tim.*, 4, 1-5.

qu'elle aussi devienne un esprit vivant pareil à vous, les mâles. Car toute femme qui sera faite mâle entrera dans le Royaume des Cieux.»[49]

L'on retrouvera malheureusement souvent cette idée que la femme ne peut être vertueuse qu'abstraction faite de sa féminité. Étroitesse de vue, parti pris, esprit de supériorité, il ne s'agit pas tant de qualifier cette attitude que d'être conscient du tort qu'elle a pu faire aux femmes dans l'Église naissante.

Tous les mouvements hérétiques dont il a été question ont été officiellement condamnés, mais ils ont cependant eu une influence négative sur les idées des Pères de l'Église qui, s'ils se défendaient de condamner le mariage, entretenaient malgré tout beaucoup de méfiance à son égard. Constamment, ils glorifièrent la virginité avec une éloquence jamais atteinte lorsqu'il s'agissait de faire l'éloge de l'union de l'homme et de la femme. Dans de trop nombreux cas, ils n'ont pas résisté à la tentation de la misogynie. D'ailleurs, les courants d'ascétisme qui avaient déjà surgi avant la naissance du christianisme et qui avaient imprégné les sectes philosophiques et religieuses, étaient aussi responsables des tendances idéologiques chez les Pères.

Rappelons, encore une fois, que l'ascétisme était, à cette époque, une réaction normale à la corruption régnante: à cause de cette dernière, l'acte conjugal était grevé d'une lourde présomption d'impureté. Pourtant, c'est dans la rencontre sexuelle que le corps de l'homme et de la femme prennent véritablement leur sens. Elle leur dévoile, semble-t-il, le secret existentiel de la nature humaine, qui est indéniablement sexuée.

Les femmes étaient, à cette période, très peu respectées comme personnes: le christianisme enseignait, en principe, le respect et l'égalité des êtres humains. Ce dernier ne pouvait donc qu'attirer le public féminin, désireux de voir concrétiser dans les faits un espoir d'amélioration de sa condition. Ce ne fut malheureusement qu'un leurre à plusieurs points de vue.

---

49. J. DORESSE, *L'Évangile selon Thomas ou les paroles secrètes de Jésus*, Paris, 1956, p. 110.

4. S. Ambroise

Nous abordons maintenant les oeuvres des Pères de l'Église latine qui ont le plus marqué les courants d'opinion sur notre sujet. S. Ambroise vient tout naturellement en tête. Fils d'un préfet des Gaules, il naquit vers 340 à Trèves. Après avoir reçu une excellente formation littéraire et juridique, il entra dans la carrière administrative et devint gouverneur de la Ligurie et de l'Émilie. Il occupait ce poste depuis un an à peine, lorsque le peuple lui demanda de succéder à l'évêque arien, Auxena, au siège de Milan. Encore catéchumène, Ambroise fut baptisé, puis sacré évêque huit jours plus tard. Soucieux de devenir l'évêque de tous, il distribua tous ses biens aux pauvres. Ses dons d'éloquence lui permirent d'avoir une profonde influence; sa prédication était très écoutée. Sa grande culture l'aida à répondre aux ennemis de l'Église. Sans son apport et celui de Tertullien, la patristique latine se réduirait à des oeuvres de traduction et de vulgarisation de la patristique grecque.[50] Il avait un caractère assez conciliant envers les autorités administratives; sa connaissance du milieu politique l'y avait préparé.

Malgré sa lourde tâche pastorale, ce grand évêque produisit une oeuvre théologique et exégétique importante, mais inspirée largement d'ouvrages qui avaient cours alors. R. Thanin a dit à propos de lui que les Romains étaient nés disciples et que, dès lors, ils étaient nés orthodoxes.[51] S. Ambroise n'en fit pas moins oeuvre originale et introduisit dans la philosophie stoïcienne l'idée de vie éternelle, qui devait transformer toute la morale. La même idée soutint sa conception de la virginité chrétienne: «Ici, elle est comme étrangère, là-haut, elle est chez elle.»

---

50. L. BOYER, *La Spiritualité du Nouveau Testament et des Pères*, Paris, 1960, p. 173.
51. R. THANIN, *S. Ambroise et la morale chrétienne au IVe siècle*, Paris, 1895, p. 213.

Tête de femme Diademata — Période Jule-Claudia (Dono von Bergen) — (Bibliothèque Royale, Bruxelles)

D'éminents penseurs ont influencé s. Ambroise, tel Philon, un Juif marqué par la pensée grecque, ce qui explique qu'il n'appartienne pleinement ni au judaïsme ni à l'hellénisme. Des doctrines religieuses juives, Philon tire des conclusions philosophiques qui aboutissent au mépris du monde et de la chair. Pour lui, la femme est l'élément sensible qui perd l'homme: il ne faut donc plus continuer l'oeuvre du péché, mais se vouer à une chasteté parfaite. Il confond d'ailleurs la chute et la génération. On ne s'étonnera pas, dès lors, de trouver chez s. Ambroise le mythe si ancien et si profond de la fécondité-vierge:

> C'est ainsi que l'Église est immaculée dans son union, féconde dans son enfantement, vierge dans sa chasteté, mère de ses enfants... Quelle épouse a plus d'enfants que la Sainte Église qui est vierge dans ses sacrements, mère dans son peuple...

À Origène, s. Ambroise va reprendre l'idée que le péché originel peut être le point de départ de toute une philosophie mais, contrairement à la plupart des auteurs religieux, l'évêque de Milan minimise la culpabilité de la femme et démontre que l'homme est, au contraire, le grand coupable dans l'histoire de la chute. La femme a péché, écrit-il, mais comment ne pas s'étonner alors que le sexe fort n'a pas su éviter de prendre part à la faute. La faute de la femme est en quelque sorte excusable, mais celle de l'homme ne l'est pas. Ses arguments deviennent plus méprisants pour la femme, lorsqu'il ajoute qu'elle a été trompée par une créature de nature supérieure, tandis que l'homme l'a été par «une créature d'ordre inférieur». La femme coupable trouve une excuse dans le péché de l'homme. La sentence de Dieu paraît bien proportionnée à s. Ambroise. Si la voix de Dieu n'a pu soutenir l'homme pour résister à la tentation, comment alors, celle de l'homme aurait-elle pu retenir la femme? Ève, à son avis, a le mérite de reconnaître plus facilement sa faute qu'Adam et doit donc être mieux pardonnée. De plus,

> Adam accuse Ève: Ève n'accuse que le serpent et quoiqu'elle soit chargée par son mari, elle ne le charge pas à son tour. Elle voudrait, au contraire, si elle pouvait, faire absoudre son propre accusateur...[52]

Les enfants qu'elle engendre dans la douleur deviennent par la suite ses libérateurs, puique s. Paul a dit que la femme se sauvera par les enfants qu'elle mettra au monde. Si elle a été l'instigatrice du mal, elle a été la première à croire en la résurrection:

> Selon l'ordre de la faute, elle fut la première au remède et pour n'avoir pas à subir sans fin de la part des hommes l'opprobre de la culpabilité, ayant transmis la faute à l'homme, elle lui a également transmis la grâce; elle compense le désastre de l'antique déchéance par l'annonce de la résurrection...[53]

Malgré cela, s. Ambroise reconnaît trop peu de «constance» à la femme pour prêcher, «comme son sexe est trop faible pour exécuter, c'est aux hommes qu'est revenue la fonction d'évangéliser». [54] Il semble à l'évêque que les femmes sont inconstantes plutôt que perverses.[55] Parfois, si elles sont belles, elles peuvent être l'occasion de tentations pour l'homme, mais en tout cas, si la faute d'Ève a été égale à celle d'Adam, la femme est supérieure à l'homme dans l'expiation et acquiert par là une supériorité morale sur lui.[56]

Si s. Ambroise s'écarte ici du pessimisme de Philon, nous trouverons ailleurs dans son oeuvre des propos moins constructifs, surtout lorsqu'il sera question du mariage qu'il décrira avec un réalisme parfois indécent.

S. Ambroise avait aussi été à l'école de Tertullien, dont il sera plus longuement question dans le chapitre consacré au

---

52. S. AMBROISE, *De inst. virg.*, 31.
53. *Exp. evang. sec. Lucam*, X, 156.
54. *Ibid.*
55. *Exp. evang. sec. Lucam*, X, 156.
56. *De inst. virg.*, 25 et 31.

mariage. L'on sait que cet auteur avait une âme torturée et qu'il éprouvait beaucoup de méfiance pour la nature humaine.

Nous avons déjà signalé l'influence de la gnose, qui n'était pas toujours hérétique, dans l'élaboration de la doctrine chrétienne. Le message du Christ fut entendu par des esprits simples mais également commenté par des esprits habitués à la spéculation, qui lui donnèrent parfois une interprétation si idéaliste qu'ils en faussèrent la véritable portée. Ce reproche s'applique surtout au dualisme des systèmes gnostiques qui compromirent non seulement la notion de Dieu mais encore celle du bien et du mal et celle de la liberté. Ces théories conduisirent à des excès d'orgueil bien contraires à l'humilité chrétienne, puisque le gnostique est, par définition, celui qui sait. Au point de vue moral, elles menèrent soit à des débordements, soit à un ascétisme trop exigeant. Le christianisme a finalement canalisé les exigences d'ascétisme dans le mouvement monastique. S. Ambroise, qui est surnommé «l'apôtre de la virginité», a très grandement participé à l'élaboration de la doctrine de l'Église dans ce domaine.

S. Ambroise était aussi, par éducation, l'héritier de la pensée stoïcienne, qui tenait la vertu comme seule voie d'accès au bonheur.[57] Il encouragea, dans cet esprit, les femmes à la pudeur et à la maîtrise de leurs passions, désireux aussi de les mouler sur le modèle masculin. Mais, à l'idéal stoïcien, l'évêque va demander aux femmes de joindre la douceur chrétienne et l'humilité.[58]

En général, il parvint à éviter l'écueil qui consistait à réduire la vie morale à une série de devoirs bien définis, sans laisser de place à la liberté. Cependant, il n'échappa pas totalement à une simplification trop répandue, qui faisait de la

---

57. EPICTÈTE (*Entretiens*, 2, 22) écrivait: «Ne convient-il pas que le philosophe s'emploie entièrement au service de Dieu sans distraction, sans être lié par les devoirs communs de l'humanité, ni embarrassé par les relations banales de la vie?»
58. S. AMBROISE, *De offic.*, II, 27.

femme la cause de tous les malheurs du monde et voyait en elle la source de tous les dangers encourus par l'âme humaine. Il concevait la vie comme un combat contre la chair que la femme lui paraissait représenter bien plus que l'homme. C'est lorsqu'il parle du mariage que s. Ambroise manifeste sa misogynie. Il n'a pu, comme la plupart des hommes, échapper à la facilité de rejeter sur la femme ses propres difficultés à être vertueux. Les hommes, qui voient dans la femme l'alter ego dont ils espèrent qu'il incarnera toutes les vertus qu'ils ne possèdent pas et les aidera à vaincre leurs difficultés en étant parfaite et désincarnée. Évidemment, ils sont souvent déçus, car comment faire assumer par quelqu'un d'autre ses propres difficultés de vivre? S. Ambroise était plus proche de la vérité lorsqu'il écrivait avec réalisme:

> Ce n'est pas un vice pour une femme d'être telle que la nature l'a formée: mais c'est un vice dans un homme, de rechercher dans une femme ce qui lui est souvent une occasion de tentation, de sorte qu'elle tombera avec lui si elle est faible ou qu'elle le mettra toujours en danger de faire une chute si elle a la force de lui résister. Nous n'avons garde de désapprouver l'ouvrage du créateur; mais puisque vous êtes si transportés de la beauté extérieure du corps, que n'aimez-vous encore davantage cette beauté intérieure de l'âme, où est gravée l'image de Dieu.[59]

S'il est peu question des femmes dans l'important traité des *Devoirs* de S. Ambroise, il en parle davantage dans ses cinq traités d'ascétisme qui concernent la continence et la virginité.

Le *De virginibus*, en trois livres, date de 377 et il est dédié à sa chère soeur aînée, Marcelline. Elle avait reçu le voile des vierges des mains du pape Libère à la Noël de 353, et elle fut toujours intimement associée à l'oeuvre de son frère. Dans ce traité, l'évêque de Milan fait tout d'abord l'éloge de la vertu de chasteté et donne par la suite de très sages conseils aux vierges pour bien la pratiquer. S. Jérôme dira de cet ouvrage qu'«Ambroise y a répandu son âme en un tel langage qu'il n'a rien laissé

---

59. S. AMBROISE, *De virginitate*.
60. S. JÉRÔME, *Lettres*, 22, 23.

aux panégyristes de la virginité.»[60] Un an plus tard, le *De virginitate* vint compléter ce premier livre et répond aux objections soulevées dans la chrétienté par le traité précédent.

L'évêque se soucia ensuite des veuves, dans le *De viduis*. Sans condamner le mariage comme tel, il déconseilla cependant aux veuves de se remarier. Il ne défendait pas les secondes noces, mais ne les recommandait pas.[61]

C'est bien plus tard, vers la fin de sa vie, qu'Ambroise écrivit le *De institutione virginis et sanctae Mariae virginitate perpetua*. Il le composa à l'occasion de la prise de voile de la vierge Ambrosia, parente de l'évêque de Bologne, Eusèbe, et dont la direction spirituelle lui avait été confiée. L'évêque de Milan y réfutait l'erreur de l'évêque de Sardique, Bonose, qui prétendait que la Vierge avait eu d'autres enfants que Jésus. Il en profita pour citer à toutes les vierges l'exemple de Marie, qu'elles pouvaient considérer comme la fondatrice de l'état de virginité, car elle était l'exemple même de la pureté. Cet ouvrage fut un des premiers écrits de la littérature mariale[62] et il contribua beaucoup à développer dans l'Église le culte de la Mère de Dieu, empreint d'ailleurs d'une tendre piété.

Enfin, en 393, S. Ambroise prononça un discours à l'occasion de la dédicace d'une église à Florence, construite grâce à la générosité d'une riche patricienne nommée Julienne. Cette femme avait d'ailleurs consacré toute sa famille à Dieu. S. Ambroise fit son éloge dans l'*Exhortatio virginitatis*. On lui attribua très souvent, mais à tort, le *De lapsu virginis consecratae* qui serait, en réalité, de la plume de Nicétas de Rémésiana.

Nous aimerions maintenant examiner de près quelques textes de S. Ambroise, dans lesquels il explique la doctrine qui

---

61. S. AMBROISE, *De viduis*, XI, 68: «Neque enim prohibemus secundas nuptias, sed non suademus.»
62. Ce traité est très largement inspiré par les idées de s. Athanase, comme en témoigne la découverte d'un manuscrit copte. Cf. G. JOUASSARD, «Un Portrait de la Ste Vierge par S. Ambroise», *Vie spirituelle*, 90 (1954), pp. 477-489.

lui est si chère sur la virginité. Il considère cet état comme «meilleur» que celui du mariage, même si ce dernier peut être tenu comme «bon».[63] La virginité est supérieure, pense-t-il, car elle permet aux chrétiens d'arriver à un niveau plus élevé dans la pratique des vertus évangéliques. L'Antiquité avait connu le devoir relatif ou moyen ($\varkappa\alpha\theta\acute{\eta}\varkappa o\nu$) que les stoïciens distinguaient déjà du devoir absolu ($\varkappa\alpha\tau\acute{o}\varrho\theta\omega\mu\alpha$). Selon s. Ambroise, les Anciens n'ont pu réaliser ce dernier, car il leur manquait le véritable but de ce devoir absolu, la vie éternelle auprès du Père. Or, la virginité, désormais préconisée, devait, à cause des renoncements qu'elle implique et de l'eschatologie, pouvoir conduire l'âme au mariage mystique avec le Christ.[64]

L'on cite fort souvent le texte de S. Ambroise concernant la virginité des Vestales qu'il comparait à celle des vierges chrétiennes. La virginité des premières n'était que provisoire, imposée par la loi, encouragée par des privilèges et de gros revenus. La vierge chrétienne, elle, choisit un rempart qui la rend invincible dans tous les combats contre les tentations; sa «patrie est le Ciel» et elle n'est sur terre que comme une étrangère, puisqu'elle a choisi le Fils de Dieu comme époux.[65]

Cette optique surnaturelle permet aux vierges, contrairement aux femmes mariées, de pouvoir se détacher des préoccupations du monde, des tâches et des devoirs d'une épouse. Elles ont alors la chance de pouvoir être autonomes et de n'avoir pas à se soucier des détails terrestres, ainsi que d'échapper au grand défaut féminin, la coquetterie.

> Que vous êtes heureuses, vierges sacrées, de mépriser les ornements qui ne sont propres qu'à causer les plus cruelles inquiétudes. Votre amour pour la chasteté, une sainte pudeur répandue sur votre visage, vous pare bien plus noblement et n'étant jamais exposées au regard curieux des hommes, vous ne faites pas dépendre votre mérite de leurs faux jugements. Vous entrez aussi en lice pour la beauté mais vous ne disputez pas sur celle de la vertu: beauté qu'aucune mala-

---
63. S. AMBROISE, *De virginibus*, I, VI, 24.
64. *Ibid.*, I, III, 1, et *Exhort. virg.*, IX, 58.
65. S. AMBROISE, *De virginitate*, IV et V.

die n'affaiblit, qu'aucun âge n'efface, que la mort même ne peut vous ravir.[66]

S. Ambroise croyait que beaucoup de femmes devaient être lassées par la surenchère de luxe et de coquetterie qui prévalait à cette période de décadence de l'Empire, et que plusieurs d'entre elles seraient heureuses d'entendre l'appel qui pouvait faire d'elles des êtres libres. Il citait l'exemple de ce qui se passait à Bologne, où:

> Une troupe de jeunes filles, entièrement séparées de tous les hommes, n'ayant pour compagne que leur pudeur, ont renoncé à toutes les délices du siècle et habitent ensemble dans le sanctuaire de la virginité; elles sont déjà au nombre de vingt mais elles portent du fruit au centième.

Ces vierges sont heureuses, chantent des cantiques spirituels. Pour subsister, elles gagnent leur vie en travaillant et reçoivent l'aumône.

Le pasteur des vierges est bien conscient pourtant des difficultés qu'elles peuvent rencontrer en suivant leur vocation au sein même de leur milieu familial. Souvent, en effet, des parents s'opposaient au choix de leurs filles et menaçaient de les déshériter si elles n'acceptaient pas de se marier. Peu importe, leur dit s. Ambroise, vous aurez un époux tellement riche en la personne du Christ que vous pourrez mépriser toutes les successions terrestres, et d'ailleurs, «une chaste pauvreté est plus avantageuse que toutes les successions du monde...».[67] Il était très habile de présenter les choses de cette manière à des jeunes filles: la perspective de noces mystiques devait les toucher et répondait aux aspirations naturelles de leur coeur.[68]

Selon Eusèbe,[69] l'Église de Rome, sous le pape Corneille (vers 251), nourrissait cent cinquante ecclésiastiques et quinze cents vierges ou veuves inscrites au registre. Dès le début du

---
66. *Ibid.*
67. S. AMBROISE, *De virginitate*, II, XII, 63.
68. S. AMBROISE, *De inst. virg.*, 9, 15.
69. EUSÈBE, *Hist. eccl.*, 6, 43.

christianisme, l'Église eut à coeur d'aider matériellement les vierges et les veuves pour qu'elles puissent vivre chastement et garder leur autonomie vis-à-vis des hommes dont elles avaient traditionnellement dépendu pour subsister.

Il y avait un reproche que l'on faisait à la vocation virginale, c'est qu'elle pouvait être à l'origine d'une diminution de la population. Auguste avait pris, au premier siècle, des mesures sévères pour enrayer la dénatalité. S. Ambroise ne croyait pas que la race humaine se reproduirait moins à cause de l'institution de la virginité. Il rétorquait à ses détracteurs:

> Demandez à l'Église d'Alexandrie, à celle d'Orient, à celle d'Afrique, combien chaque année elles consacrent de vierges. Nous avons ici moins de naissances que ces Églises n'ont de consécrations. L'expérience universelle prouve donc que la virginité n'est pas inutile, d'autant plus que c'est d'une vierge qu'est venu le salut, pour la fécondité du monde romain.[70]

C'est tout naturellement la Vierge Marie que s. Ambroise va proposer comme modèle aux vierges chrétiennes. Elle leur enseignera ses vertus: la candeur, l'humilité, la gravité, la bonté, l'obéissance, la modestie, la décence, la charité, la piété, la diligence. Munies de ces qualités, les vierges auront la force d'affronter même le martyre, telle sainte Thècle qui rendit des lions doux comme des agneaux. Ou encore, la vierge d'Antioche qui vit sa pudeur protégée après avoir été mise devant le choix de se prostituer ou de sacrifier aux dieux. Un soldat changea sa tenue contre la sienne pour lui permettre de fuir et fut ensuite condamné à mort.

Pour aider les vierges à garder toujours la chasteté qu'elles ont promise, s. Ambroise leur donne une série de conseils.[71] Nous retrouvons tout d'abord le vieux tabou romain sur le vin, interdit aux femmes dans les premiers temps de la République. Il leur suggère d'en boire aussi peu que possible et de jeûner

---

70. S. AMBROISE, *De virginitate*, 36.
71. Cf. *ibid.*, liv. III.

souvent, car le jeûne freine les forces de la jeunesse. Les mets épicés sont aussi à éviter, car ils réveillent la concupiscence. Les vierges devront se taire, comme s. Paul le leur a conseillé, et dormiront peu pour pouvoir se livrer à des exercices spirituels. Enfin, faisant appel à de tendres images à l'usage des jeunes filles, s. Ambroise écrit:

> Imitez, ma soeur, l'exemple de cet habile laboureur, n'accablez pas votre corps par des jeûnes continuels: faites que votre âme se change de temps en temps en un jardin, où fleurissent la rose de la modestie, le lys de la contemplation, la violette rouge du sang adorable du Seigneur.

Dans le *De virginitate*, il répond aux arguments de certains parents qui s'opposent à leurs filles désireuses de rester vierges. Il leur objecte que les païens eux-mêmes ne détournaient pas leurs enfants du service religieux et les louaient bien au contraire pour leurs vertus. Si lui-même engage les jeunes filles dans la voie de la virginité, c'est qu'il connaît trop bien le joug du mariage, ses afflictions et ses peines, et qu'il voudrait pour elles, dès cette terre, un bonheur qui ressemble à celui qu'elles connaîtront après la résurrection. C'est donc sollicitude paternelle de sa part.

> Vous donc, encore une fois, ô Vierge, à l'exemple de cette petite Abeille, mettez-vous à couvert contre la gloire du siècle de peur qu'il ne brise vos ailes et ne vous mette hors d'état de voler.[72]

Dans son ouvrage consacré à *l'Éducation d'une Vierge ou de la perpétuelle virginité de Marie*, s. Ambroise revient encore sur les qualités qui, selon lui, doivent être l'apanage de la virginité, soit la pudeur, la piété et la miséricorde. Plein de sollicitude et de tendresse pour les femmes, il ne voit pas l'origine du mal en elles: c'est sur le mariage qu'il rejette les accusations d'impureté et conseille aux hommes de prendre cons-

---

72. *Sur la virginité*, III.

cience de leur part de responsabilités dans les fautes contre la pureté.

> Aimable virginité, que d'avantages n'avez-vous pas procurés aux deux sexes? Non seulement vous les avez délivrés du péché, vous les avez aussi comblés de toutes sortes de grâces. Souvent, nous accusons les femmes d'avoir été la cause de notre perte et nous ne voyons pas qu'il serait bien plus juste de nous faire ce reproche à nous-mêmes. En effet, pour remonter à la formation de l'univers, et au commencement de toutes les créatures, voyez quelle bonté le Seigneur a eue pour la première femme, et combien il s'est plu en elle, malgré la déplorable fragilité de la nature humaine.

Plus loin encore, il précise sa pensée pour bien montrer qu'il ne veut à aucun prix assimiler la femme à l'acte de chair et à l'impureté, et qu'il fait très bien la distinction entre les deux. Nous pouvons regretter cependant qu'il ait témoigné autant de mépris pour la sexualité humaine, tout en nous rappelant le contexte social et culturel dans lequel il vivait. La sexualité débridée de cette époque était désormais entachée d'un préjugé d'impureté.

> D'abord pourquoi serions-nous embarrassés sur ce terme de femme, comme si nous ne savions pas qu'il désigne le sexe et non pas le mariage?... L'Écriture dit seulement qu'elle a été connue ainsi: tant qu'elle demeura dans le Paradis elle fut appelée femme quoiqu'elle fût vierge. Mais quand elle eut été chassée, nous lisons qu'Adam connut Ève, sa femme, qu'elle conçut et qu'elle enfanta un Fils.

R. Thanin accuse s. Ambroise d'être partial envers les femmes:[73] sans doute, est-ce un phénomène tout à fait insolite de voir un auteur ou un Père de l'Église qui a le souci de ne pas accuser la femme de tous les maux de l'humanité! L'apôtre de la virginité avait bien compris que l'idéal moral du christianisme était très proche du caractère que l'on reconnaît, en général, aux femmes. On les dit impulsives et moins rationnel-

---

73. R. THANIN, *S. Ambroise et la morale chrétienne au IVe siècle*, p. 360.

les, en conséquence plus disposées à l'acte de foi. La vie qu'elles mènent dans leur foyer les prépare à être attentives aux autres, leur instinct les prédispose à l'amour et à la charité. Et l'on pourrait même ajouter que les horizons limités de leur existence doivent leur donner l'espoir d'un monde meilleur.

La prédication de s. Ambroise attira donc l'attention des femmes et provoqua même du désordre. Des jeunes filles accouraient de loin pour avoir le privilège de recevoir le voile de ses mains. Dans la communauté chrétienne elle-même, l'on trouvait des parents fortement opposés à voir leur fille opter pour la virginité plutôt que pour l'établissement dans la vie grâce à un beau mariage. Le jugement de s. Ambroise sur cette institution était malheureusement fortement influencé par celui de Tertullien. Celui-ci en avait parlé avec un réalisme et un mépris assez révoltants.

S. Ambroise a toujours admis, par contre, que la virginité était un appel d'exception et qu'elle était une vertu et non un devoir. Il est normal que sa prédication ait été entendue par beaucoup de femmes désireuses de se libérer de leur dépendance vis-à-vis des hommes. La veuve Julienne demandait à ses filles comment elles pouvaient hésiter dans le choix à faire, puisqu'elles ne pouvaient être libres qu'en conservant leur virginité. «Celles qui se marient vendent leur liberté à prix d'argent et se vouent à la servitude.» La condition de l'esclave est meilleure que celle de la femme mariée, puisqu'il faut l'acheter pour la réduire à l'état servile, tandis que la femme paie pour être asservie, qu'elle se met en quelque sorte en vente et qu'elle est estimée en autant qu'elle est chargée d'or. Il faut évidemment faire la part des clichés littéraires dans cette antithèse: à Rome, la condition de la femme mariée ne pouvait pas être assimilée à celle de l'esclave.

Il semble bien que l'appel de la virginité, lancé par le christianisme, a été le début d'une promotion pour la femme. Elle avait désormais la possibilité de se libérer non seulement de la sujétion d'un mari mais encore de la vocation biologique qui la vouait uniquement à la maternité physique. S. Paul avait été le premier à présenter aux femmes l'idéal de la virginité comme un moyen de se libérer non seulement de l'autorité d'un mari mais aussi des soucis de ce monde. Peut-être trouvera-t-on qu'il y a peu d'élévation à raisonner de cette manière. Nous ne connaissons évidemment pas toutes les raisons qui purent pousser les femmes, en ces premiers temps du christianisme, à adopter si largement l'appel au célibat consacré. Certaines l'auront fait, certainement, mues par un grand idéal; d'autres, peut-être, seulement par égoïsme ou pusillanimité.

En tout cas, l'on exigeait de celles qui choisissaient la virginité des qualités destinées à rassurer l'angoisse des hommes devant la nature et le tempérament des femmes. Quelles sont les premières vertus de la vierge chrétienne sinon la pudeur et la modestie, si souvent exigées des matrones romaines? On permettait aux femmes d'être libres, mais à condition de montrer encore plus de vertus que lorsqu'elles étaient assujetties à l'autorité maritale. Elles pouvaient renoncer à la vocation de mère, mais pour mieux se dévouer aux oeuvres charitables, aux soins des malades, à la prière pour les pécheurs et devenir de ce fait fécondes sur le plan spirituel.

> Reconnaissez la vierge à sa conduite, reconnaissez la vierge à sa modestie... C'est le fait des vierges d'être troublées et intimidées chaque fois qu'un homme les aborde, de redouter toute conversation avec un homme. Que les femmes apprennent à imiter ce parti pris de modestie... Apprenons donc ce qui distingue la modestie de la femme et celle de la vierge. Celle-là rougissant ayant sujet de le faire, celle-ci par modestie.[74]

L'on trouvera souvent sous la plume de s. Ambroise l'idée que la pudeur était une qualité inséparable de la virginité et même qu'il ne saurait y avoir de virginité sans elle. C'est pour cette raison, explique-t-il, que Marie s'était gardée de se rendre au temple sans Joseph.[75]

---
74. *Exp. evang. sec. Lucam*, II.
75. *Inst. virg.*, II, 12-14.

La pensée de s. Ambroise, ainsi que son expression marquée par la rhétorique de son temps, n'ont plus d'écho aujourd'hui. Pourtant, sa prédication a eu, à cette époque, une forte résonance et surtout auprès du public féminin. L'évêque de Milan remettait à l'honneur l'antique idéal de la femme mais le présentait désormais dans une optique eschatologique. Sans doute cette façon de transcender un modèle, devenu un peu étouffant et étroit, le transforma-t-il et le rendit-il plus attrayant pour celles qui cherchaient de nouvelles raisons de vivre.

5. Saint Jérôme

Originaire de Stridon, bourgade fortifiée de la frontière orientale de l'Italie, s. Jérôme était issu d'une famille riche et chrétienne, qui l'envoya à Rome, à l'âge de douze ans (en 359), pour parfaire son éducation. Il s'enthousiasma pour les auteurs classiques, grecs et latins, philosophes ou poètes, et se composa une petite bibliothèque personnelle en recopiant des livres entiers. L'étude ne suffisait pas cependant à apaiser les appétits de son tempérament passionné. «L'inflammable Dalmate»[76] fréquenta, à cette période, des femmes légères; il exprimera souvent dans ses oeuvres son regret pour ses désordres de jeunesse et il appréhendera longtemps d'éventuelles rechutes.[77]

Ce n'est qu'en 376 qu'il reçut le baptême des mains du pape Libère. Sans doute est-ce pour mieux se soustraire aux tentations du monde qu'après quelques années passées en tant que moine à Aquilée, il décida de partir pour l'Orient, où il s'astreignit à de terribles austérités. Il étudia le grec, l'hébreu et renonça non sans regrets à la lecture des auteurs païens pour se

---

76. L. BOYER, *La Spiritualité du Nouveau Testament et des Pères*, Paris, 1960.
77. S. JÉRÔME, *Lettres*, III, 1; IV, 2; VI, 2; VII, 3-4; XI; XV, 2; XVI, 2; XXII, 30; XLV, 1; XLVIII, 20; CXXV, 2; LII, 1.

consacrer uniquement aux livres saints. Il revint à Rome de 382 à 385, séjour court mais décisif pour son orientation à venir. Le pape Damase en fit son secrétaire et lui demanda d'établir un texte officiel, en latin, de l'Ancien et du Nouveau Testament, qui deviendra la Vulgate. C'était là un travail immense et fort important pour la chrétienté. Tant que vécut le pape Damase, il semble bien que l'opinion publique ait été favorable à s. Jérôme, mais après sa mort, les inimitiés restées en veilleuse jusque-là se déchaînèrent à loisir contre l'ancien secrétaire du pape. On lui en voulait de censurer avec aussi peu de précautions et de doigté les moeurs des chrétiens tièdes ou celles des clercs relâchés. Il se plaignit à plusieurs reprises dans ses ouvrages d'attaques dirigées contre lui. Un des reproches qui revenait souvent était celui d'écrire surtout pour des femmes, à quoi il répondait que si les hommes avaient eu autant de zèle pour l'étude des Saintes Écritures, c'est pour eux qu'il aurait écrit.[78]

S. Jérôme était devenu, à cette période, le conseiller d'un cercle de grandes dames qui se distinguaient par leurs nobles origines, mais surtout par leurs vertus. Il les soutint par ses conseils dans la vie de l'ascèse et du renoncement au monde; son exégèse éclaira leur désir de mieux connaître la Bible. Marcella, une veuve fort intelligente, s'éloigna de son confort social et mondain pour se mettre à l'étude de grec et de l'hébreu, afin de mieux comprendre les livres saints. Elle vivait sur l'Aventin avec sa mère, Albina, et la vierge Asella. Autour d'elles vinrent se réunir d'autres veuves ou jeunes filles éprises d'idéal monastique. Parmi elles se distingua la veuve Paula qui avait eu un fils et quatre filles, dont deux, surtout, firent parler

---

78. *Préf. Commentaire à Sophonie; Lettres,* LXV, à Principia; *Préf. Commentaire sur Isaïe, Lettres,* CSSVII, 5, à Marcella. «Que d'aventure un lecteur infidèle se moque de ce que je m'attarde à louer de simples femmes! S'il se souvient des saintes femmes, compagnes du Seigneur-Sauveur... et particulièrement de Marie-Madeleine qui à cause de la promptitude et de l'ardeur de sa foi... a mérité la première avant les Apôtres de voir le Christ ressuscité, alors il condamnera plutôt sa propre superbe que nos prétendues inepties à nous qui jugeons des vertus non d'après le sexe, mais d'après l'âme.»

d'elles. Il s'agit d'Eustochium, restée vierge, et de Blésilla, veuve à vingt ans après deux mois de mariage. C'est pour Eustochie que Jérôme écrivit la très célèbre lettre XXII, qui est une sorte de traité de la virginité.

Après l'élection du pape Sirice, en 384, l'opposition à s. Jérôme se déchaîna tout à fait. Bien conscient de son innocence, il décida alors de quitter Rome pour aller se fixer en Palestine. Paula, ne voulant pas se séparer de son maître spirituel, l'accompagna ainsi qu'Eustochie: elles fondèrent un monastère de moniales. Paula restait toujours aussi attirée par les explications mystiques des Écritures et connaissait bien le grec et l'hébreu.

La légende dorée raconte que s. Jérôme, trompé par l'obscurité, se serait rendu à l'église vêtu d'habits de femme que des malveillants auraient fait déposer près de son lit. Le scandale qui s'ensuivit aurait été à l'origine de sa résolution de quitter Rome.

S. Jérôme séjourna trente-cinq ans en Palestine. Il y acheva sa traduction de la Bible, y écrivit des commentaires sur l'Ancien et le Nouveau Testament. Il rédigea également de nombreux travaux historiques, dogmatiques ou polémiques. Nous nous intéresserons surtout à ses luttes épistolaires avec Helvidius et Jovinien et à sa très importante correspondance, dans laquelle il s'est livré tel qu'il était, avec ses qualités et ses défauts, son enthousiasme, son ardeur, sa tendresse, avec ses colères et ses excès de langage et aussi avec toute son érudition.

Il a toujours été un ardent apologiste et un propagateur éloquent de l'ascétisme et de la virginité. Partant de sa propre expérience, il recommandait à ses auditrices de fuir le monde, de se contenter d'une nourriture frugale, de simplifier leur tenue vestimentaire, de prier jour et nuit, d'étudier les livres saints, de se mettre sous la direction d'un supérieur et, enfin, d'organiser leur vie sur une base communautaire.

Si s. Jérôme se défendit d'interdire le mariage, il lui reconnaissait cependant beaucoup moins de valeur qu'à la virginité consacrée:

> Pourquoi nous mentir à nous-mêmes ou nous emporter si nous ne cessons de brûler de convoitise pour les étreintes d'une femme, il est normal que nous soit refusée la récompense promise à la chasteté.[79]

En fait, il se défiait de sa propre nature bouillante et il aurait voulu faire partager par d'autres les excès d'ascétisme qu'il s'imposait pour ne pas tomber dans les écarts auxquels son tempérament ardent aurait pu l'entraîner. Il aurait aimé faire abstraction de ses instincts, de sa sexualité, alors que personne ne peut y échapper puisqu'elle est partie intégrante de l'individu. C'est dans cet esprit qu'il écrivit à propos de la vierge: «Comprenez quel est le bonheur de celle qui n'a même plus le nom de son sexe. Non, la vierge ne porte plus le nom de femme.»[80]

Ce texte est extrait de la réponse par s. Jérôme à Helvidius qui prétendait que Marie était restée vierge jusqu'à la naissance de Jésus, mais qu'ensuite elle avait eu d'autres enfants. Le laïc milanais affirmait aussi que tous les états de vie se valaient et que les saints mariés de l'Ancienne Loi n'étaient pas moins méritants que les continents de la Nouvelle. S. Jérôme lui fit une réplique cinglante où il démontrait la perpétuelle virginité de Marie. Les frères et soeurs de Jésus, dont Helvidius prenait argument, étaient, en réalité, ses cousins. Pour le Père de l'Église, attaquer la virginité de Marie, c'était comme déflorer le christianisme, et il employa des arguments plus sentimentaux que théologiques pour défendre sa cause. Commes ses prédécesseurs, il répéta cependant que la virginité n'était pas un précepte, «car elle est au-dessus de l'homme»: elle offre à qui l'embrasse un statut semblable à celui des anges et lui

---

79. S. JÉRÔME, *Lettres*, LIX, 49.
80. S. JÉRÔME, *Contre Helvidius*, 22.

donne droit à une plus haute récompense car «elle renonce à ce qui ne serait pas après tout un péché».[81]

Dans sa réponse à Jovinien, il fut encore plus prolixe et plus sévère: il s'attaque au mariage en s'appuyant sur un texte de s. Paul, isolé de son contexte.[82] Il reprit à son compte des théories propres à la morale sévère des stoïciens et au dualisme de la gnose qui, chacun à leur manière, rejetaient la chair comme mauvaise. Le moine Jovinien avait affirmé que les vierges, les veuves, les femmes mariées, dès qu'elles étaient purifiées dans le Christ, obtenaient un mérite égal. S. Jérôme vit là une impardonnable injure et une grande injustice pour la virginité. D'après lui, si le Seigneur n'a pas ordonné la virginité, ce fut dans la crainte de paraître condamner le mariage et, par le fait même, la reproduction du genre humain, sans laquelle il ne pourrait y avoir de vierges. S. Jérôme considère aussi que la virginité est source de liberté,[83] car elle permet à ceux qui s'y vouent d'être détachés des biens de ce monde.

Emporté par son parti pris sur la supériorité de la virginité, s. Jérôme commentait s. Paul[84] de cette façon:

> La mère n'est donc sauvée qu'à la condition d'engendrer des enfants qui demeurent vierges; elle doit retrouver en eux ce qu'elle a perdu en elle-même, le dommage et la carie de la racine sont compensés par les fleurs et les fruits.[85]

Voilà qui, sous une apparence poétique, cache en réalité beaucoup de mépris et une méconnaissance totale de la vocation du mariage. La suite du texte ne fait que confirmer cette première impression, et l'on pressent que ce Père de l'Église confond le mariage avec l'acte sexuel et celui-ci avec la femme, taxant le tout d'impureté. Il reprend aussi les textes de l'Ancien Testament les plus misogynes et il en conclut que:

---

81. *Ibid.*, 23.
82. *I Cor.*, 8-9.
83. S. JÉRÔME, *Contre Jovinien*, 12.
84. *I Tim.*, 2.
85. S. JÉRÔME, *Contre Jovinien*, I, 27.

> ... c'est l'amour de la femme en général qui se trouve en cause, parce qu'il est toujours insatiable, qu'il se ranime après avoir disparu, qu'il passe de l'abondance au dénuement, qu'il amollit une âme virile, qu'il ne permet pas d'autre pensée que celle de la passion qui l'obsède.[86]

L'on éprouve une certaine gêne — l'on dirait même quelque pitié — en sentant combien s. Jérôme a du mal à se dégager de ses propres phantasmes. Il est d'autant plus dur dans ses jugements sur les femmes qu'il n'arrive pas à oublier ses anciennes passions.[87] Il semble espérer que le virginité qu'il préconise pour les femmes va les empêcher d'exercer leur féminité et donc le mettre, lui, à l'abri des tentations.

À son avis, ce ne fut qu'après la chute qu'Adam et Ève consommèrent l'union conjugale car, à l'origine de l'humanité, la pureté virginale était l'état naturel. S. Jérôme interpréta le *Cantique des cantiques*, non pas comme l'expression d'un amour terrestre, mais comme le chant de l'union mystique entre les vierges et le Christ. Pourquoi Celui-ci aurait-il choisi de naître d'une Vierge si la virginité n'était pas un état supérieur au mariage? Il aurait très bien pu choisir simplement une femme mariée ou une veuve vertueuse. Ceci l'amena à se poser le problème du mal. Pourquoi Dieu aurait-il créé le corps humain avec cette propension aux chutes et destiné à mourir? Pourquoi nous aurait-il laissé la possibilité de bouleverser ses plans et de résister à son amour? Il n'y a de réponses à ces questions que dans un acte de foi et une règle de vie, que dans l'exemple et l'enseignement du Christ. Or qu'est-Il venu nous dire si ce n'est que, dans la résurrection, il n'y aurait plus de mariage et que les hommes seraient dès lors semblables aux anges.[88] Nous ressusciterons dans notre sexe, mais nous n'en subirons plus les humiliations.[89]

---
86. *Ibid.*
87. «Si je porte aux nues la virginité, ce n'est pas que je l'aie: mais j'admire ce que je n'ai pas.» (*Lettres*, 48, 20).
88. *Matth.* XXII, 30.
89. S. JÉRÔME, *Contre Jovinien*, I, 36.

Il ne faut pas craindre pour l'avenir du monde, car il n'est pas en péril, même si l'on prêche la virginité. Il n'y a pas lieu de s'attendre, selon lui, à ce que toutes les femmes veuillent demeurer vierges, car c'est chose difficile et la nature humaine est mauvaise.

> ... vous craignez peut-être l'extinction des lupanars, la fin de l'adultère; vous craignez de ne plus entendre vagir dans les villes et les campagnes. Mais chaque jour, on verse le sang de ceux qui portent le déshonneur dans les familles et la passion règne encore au milieu des bois, des haches et des tribunaux.[90]

Profondément persuadé de la perversité naturelle de l'humanité, s. Jérôme n'a tout naturellement professé que mépris pour le mariage. Si l'Évangile permet le mariage, écrit-il, il faut cependant que nous distinguions «une concession faite à la faiblesse d'une récompense promise à la vertu». Il est étonnant de voir combien les Pères de l'Église, conscients que la virginité, voie difficile, n'était réalisable qu'avec la grâce, n'ont jamais pu concecoir que les époux pouvaient, avec ce même secours de la grâce, transformer le mariage en une vocation qui ne se réduisait pas à la seule copulation et à la fécondité. Et pourtant, avant eux, les Romains avaient eu du mariage une conception beaucoup plus élevée. L'amour des époux fut pourtant très rarement considéré par les premiers Pères comme une participation humaine à l'amour de Dieu.

S. Jérôme jugea sévèrement celles qui ne restaient pas fidèles à leur vocation de vierges et qui subissaient «les entraînements de la chair»: il les trouvait comparables à des animaux. Il faudrait, dit-il, comme le préconisait s. Paul,[91] préférer aux fruits de la chair ceux de l'esprit, qui sont la charité, la joie, la paix, la longanimité, la bienveillance et la bonté, la foi, la mansuétude et la continence, car «contre de telles choses, il n'y a pas de loi», puisque ces vertus nous permettent d'échapper à la mort.

---

90. S. JÉRÔME, *Contre Jovinien*, I, 36.
91. *Ga.*, II, 3.

La chasteté n'était pas, à son avis, contraire à la nature, puisqu'elle était déjà en honneur chez les païens et qu'elle a «toujours occcupé le premier rang parmi les vertus». Il en présentait de nombreux exemples, extraits de Virgile, Varron ou Sénèque, et illustrés dans l'histoire de Rome, d'Athènes ou de Sparte. Vierges, chastes veuves, femmes mariées vertueuses comme Lucrèce, témoignaient toutes que cette vertu n'a rien d'inhumain.

S. Jérôme en vint finalement à citer fort longuement Théophraste, dont le traité sur le mariage — perdu par ailleurs, et peut-être faut-il s'en réjouir? — devait être un chef-d'oeuvre de misogynie. Le parti pris de cet auteur contre les femmes était tellement criant que s. Jérôme s'imagina sans doute que des citations de son oeuvre feraient un heureux contrepoids aux éloges que lui-même venait de décerner à des femmes d'époques lointaines. Il estimait par ailleurs que ses contemporaines se conduisaient généralement fort mal. Et pourtant, il y avait Paula, Marcella, Eustochie...

Théophraste était l'héritier d'une vieille tradition littéraire qui avait sans doute pris racine chez Hésiode, dans le mythe de la création de Pandore, thème repris par le poète iambique Sémonide d'Amoryos.[92] Ce dernier haïssait les femmes et les avait comparées à toutes sortes d'animaux; d'autres grands poètes grecs, comme Euripide ou Aristophane, se moquèrent aussi des femmes, mais avec déjà moins d'agressivité. Les auteurs latins reprirent les thèmes misogynes de leurs prédécesseurs grecs, plus par manque d'imagination que par conviction réelle. L'on ne sent pas chez eux ce principe intellectuel du mépris de la femme: il s'agit plutôt de gouaillerie.

La découverte d'un papyrus du deuxième siècle[93] nous permet d'affirmer que durant la période hellénistique, encore,

---

92. Cf. D.S. WIESSEN, *S. Jérôme as a Satirist*, Cornell University Press, 1964, p. 113.
93. Cf. W. SCHUBART et N. VON WILAMOVITZ, *Berliner Klassikertexte*, Berlin, 1907, pp. 127-130.

les défauts et les qualités des femmes continuèrent à être le sujet favori des débats les plus vigoureux. À Rome également, la question de savoir si un homme sage devait se marier ou non était un des topiques éthiques et rhétoriques les plus discutés. Sénèque, dans son *De matrimonia* — inspiré sans doute aussi de Théophraste — en discute également, quoique la misogynie aiguë soit plutôt un héritage de la philosophie cynique que du stoïcisme. Le néo-platonisme traînait aussi toute une misogynie latente. S. Jérôme a certainement, au cours de ses études, discuté le thème puisque le *Progymnasta* d'Aphtonius, un rhéteur de son temps, en faisait encore mention. La femme représente un obstacle à l'étude de la philosophie parce qu'elle est trop attachée aux biens de ce monde et qu'il faut s'occuper d'elle. Belle, elle est à la merci de toutes les tentations. Si un homme est épris d'une bonne épouse, il se mettra à trembler pour elle et cela le distraira de l'étude de la philosophie. Les enfants constituent aussi un lourd fardeau pour le sage. Un féministe romain, le philosophe Musonius Rufus, a répondu à ces objections: il ne voyait pas, quant à lui, d'obstacle entre mariage et sagesse. Le mariage est, à son avis, un état parfaitement en accord avec la nature humaine, qui a mis en nous le désir de l'union et de la perpétuation du genre humain. S. Jérôme puisait encore à d'autres sources, comme Aristote, Platon, Plutarque et Sénèque. Quoi qu'il en soit, chez tous les auteurs, avant comme après la venue du Christ, la première qualité exigée de la femme reste la pudeur, car elle est «l'âme et la reine des vertus».[95] La virginité préconisée par le christianisme est un prolongement et un couronnement de l'idéal antique.

Contre Jovinien eut, paraît-il, un grand succès, mais ce ne fut pas celui qu'il visait. Les théories de Jovinien étaient réfutées, mais aux dépens du mariage. Sa verve satirique avait trop souvent bravé l'honnêteté par des expressions outrancières qui choquèrent les chrétiens. Le Père de l'Église s'était

---

94. *MUSONIUS RUFUS*, XIII A.
95. S. JÉRÔME, *Contre Jovinien*, I, 49.

laissé emporter par son tempérament bouillant et il avait oublié qu'il pouvait y avoir à Rome comme ailleurs des chrétiens mariés et engagés dans la vie du siècle, qui ne manquaient pas pour autant de vertu. Son ami, Pammachius tenta de retirer le livre de la circulation et demanda à s. Jérôme de le modifier,[96] mais le mal était fait. Ce traité restera dans le dossier déjà lourd, à cette époque, de l'histoire de la misogynie dans l'Église. Il retardera l'élaboration d'une vraie théologie du mariage chrétien. L'on sait que cette mauvaise compréhension du message du Christ est attribuable aux circonstances dans lesquelles il vit le jour, ainsi qu'à la réaction des néophytes enthousiasmés par la découverte de la nouvelle voie proposée: la virginité.

La lettre à Eustochie, dite *De virginitate servanda*, est un peu antérieure au fameux traité dont nous venons de parler. Wiessen estime que l'on peut la considérer comme la plus grande calomnie sur les femmes depuis la VIe satire de Juvénal.

Julia Eustochium était la fille cadette de la veuve Paula; elle menait une vie de vierge dans un appartement de sa mère. S. Jérôme va l'exhorter à persister dans cette voie et tenter de la dégoûter à tout jamais du mariage. Pour cela, il commence par citer plusieurs passages de l'Ancien Testament, destinés à l'inciter au détachement des biens de ce monde. C'est dans cette lettre que l'on trouve le texte si souvent cité lorsqu'on parle du réalisme de s. Jérôme: «Je n'énumérerai donc pas les tracas du mariage, le sein se gonfle, l'enfant vagit, la domesticité agace, le souci du ménage importune: puis tous les bonheurs qu'on a imaginés, la mort, enfin les foudres.»[97] La vierge, qui renonce à toutes les facilités de la vie d'une matrone, se libère aussi de ses embarras et met ainsi le monde à ses pieds. Elle n'a pas pour autant à s'enorgueillir: il lui faut être vigilante, car les tentations la guettent de toutes parts et la chute reste toujours possible. Pour cela, une recette idéale consiste à mortifier son corps et à être sobre. Mieux vaut prévenir, car:

---

96. *Lettres*, XLVIII et L.
97. S. JÉRÔME, *De virginitate servanda*, XXII, 2.

Dieu, qui peut tout, ne peut relever une vierge après sa ruine. Il peut bien la délivrer de la peine due à son péché, il ne peut la couronner puisqu'elle a été déflorée.[98]

Il semble qu'il soit arrivé assez souvent que des vierges aient été infidèles à leur engagement: on les appelait les *lapsae*. On se souviendra que l'on a attribué à s. Ambroise un traité destiné à celles-ci: l'Église leur réservait des pénitences pour obtenir leur pardon.

Les textes fort réalistes de l'Ancien Testament, cités par s. Jérôme, rappellent les luttes qu'il eut à mener lui-même dans le désert contre ses tentations peuplées de danses de jeunes filles. C'est grâce à l'abstinence qu'il parvenait à se dompter. Il conseillait donc aux vierges de fuir le «vin comme du poison», car il était la première arme du démon. Lui-même était très gourmand et condamnait sévèrement ce défaut chez les vierges. Les fautes de ces dernières étaient parfois plus graves encore, car certaines devaient, pour cacher leur impureté, se faire avorter et se rendaient alors coupables d'un triple crime (lorsqu'elles en mouraient) «suicidées, adultères du Christ, parricides d'un enfant non encore né».[99]

S. Jérôme trace ensuite un portrait très vivant de la vierge coquette et aguichante suivie d'un troupeau d'admirateurs. Ce passage mérite d'être cité, car il est un excellent exemple de son don d'observation et de son amour de la vie.

> La pourpre n'apparaît que sur la robe et en touches légères; mais, trop lâche, leur bandeau de tête laisse retomber les cheveux; le brodequin est assez grossier mais sur leurs épaules voltige l'écharpe; étroites sont les manches et moulées au bras, mais le rythme incertain des genoux rend langoureuse la démarche.[100]

Il ne manqua pas non plus de déplorer amèrement un autre fléau, qui jetait du discrédit sur l'Église à cette époque, à

---

98. S. JÉRÔME, *Lettres,* 22,5.
99. *Ibid.*, 13.
100. *Ibid.*

savoir les agapètes. Ces «soi-disant» vierges vivaient près des moines, sous prétexte de tenir leur ménage, mais en réalité, plutôt comme des concubines.

S. Jérôme mit également Eustochie en garde contre les vanités de ce monde, ce qui était d'autant plus nécessaire dans le milieu où elle vivait que le luxe était fort grand. Il lui conseillait d'être sobre, solitaire, d'étudier et de lire. Une vierge doit prier jour et nuit. «Sois la cigale des nuits», lui dit-il. La vierge Paccatula recevra les mêmes directives d'obéissance, de sobriété, de discrétion. Au sujet de la toilette des vierges, il fait des suggestions dont on ne peut nier le bons sens. Il estime qu'il ne faut peut-être pas habituer les jeunes filles tout de suite à la plus grande simplicité dans le vêtement, car il vaut mieux qu'elles s'en dégoûtent d'elles-mêmes: «Il vaut mieux qu'elle en soit rassasiée et en fasse fi, plutôt que de n'en avoir pas et désirer en avoir.»[101]

Le Seigneur lui-même agit ainsi, et s. Jérôme ne pouvant faire abstraction de son propre destin, écrit à propos des convertis et de ceux qui n'ont pas l'expérience de la passion:

> Les premiers foulent aux pieds des plaisirs qu'ils connaissent, les seconds désirent ce qu'ils ignorent. Ceux-là, en faisant pénitence, évitent les embûches de la volupté, à laquelle ils ont échappé; ceux-ci, alléchés par les séductions de la chair et l'agréable impression du plaisir, croyant que c'est là du miel, n'y trouvent que des poisons qui leur font mal.[102]

Dès qu'il s'agit du mariage, l'on sent que s. Jérôme trahit son manque de maturité devant les questions sexuelles. Sa hantise se traduit par beaucoup d'agressivité. Il ne voudrait à aucun prix, proclame-t-il, être soumis à la condamnation que Dieu fit à Ève d'enfanter dans la souffrance et d'être soumise à un homme: cette loi n'est pas pour lui, précise-t-il. Par crainte d'être à nouveau entraîné par les manifestations de sa sexualité, il refuse d'être concerné par le mariage, «sa règle de vie ne

---

101. S. JÉRÔME, *Lettres*, XXVIII, 2.
102. *Ibid*.

considère pas le sexe».[103] Il souhaiterait beaucoup qu'il en soit ainsi, mais qu'en est-il réellement? Il semble encore sur la défensive et n'aurait donc pas trouvé de véritable équilibre dans ce domaine.

S'il préfère la virginité au mariage, c'est que la «virginité est consacrée dans la personne de Marie et dans celle du Christ».[104] Il vaut mieux tenter de ressembler à ce qui existe de plus parfait. Il a bien conscience de la supériorité de son choix, mais pour être parfait, il ne devrait pas oublier non plus l'humilité évangélique. *Nemo malum bono comparat*, dit-il encore à propos de la comparaison entre la virginité et le mariage, auquel il reconnaît presque à contrecoeur une certaine dignité. Finalement, au sommet de son exaltation et de son agressivité, il affirme que la virginité constitue l'état de nature et que le mariage n'est qu'une suite du péché. Entraîné dans une envolée lyrique sur le mariage justifiable et justifié lorsqu'il produit des vierges, il proclame:

> Je loue les noces, je loue le mariage mais parce qu'il m'engendre des vierges. Des épines, je cueille les roses, de la terre son or, de la coquille sa perle.[105]

Il croit en Eustochie, l'épouse du Christ, et en sa mère qu'il appelle la belle-mère de Dieu: la comparaison est presque triviale. Pourtant, accorde-t-il, la virginité est le fait d'un choix, d'un acte libre, et c'est ce qui en fait tout le prix,

> ... parce que, si la virginité eût été commandée, le mariage eût semblé éliminé. Or c'eût été une contrainte très dure et contre nature que d'imposer par violence aux hommes la vie des anges, et de condamner en quelque sorte le plan même de la création.[106]

Ce qui nous gêne beaucoup dans les écrits des Pères de l'Église, c'est que leur parti pris pour la virginité consacrée les

---

103. S. JÉRÔME, *Lettres*, XXII, 20.
104. *Ibid*.
105. *Ibid*.
106. *Ibid*.

aveugle: ils n'ont pas saisi l'importance que le message évangélique attachait à l'amour humain, que ce soit celui que l'on porte à son conjoint ou à son prochain. Dès lors, la chasteté consacrée, si elle n'est pas mise au service de l'humanité, ne peut avoir de réelle valeur salvatrice, puisqu'elle ne répond pas à l'essence de l'esprit évangélique. Les Vestales, dont les Pères se moquent tant, avaient, elles, une mission de service. Le monde païen aurait-il mieux saisi que les Pères qu'il ne peut y avoir de véritable pureté que dans un don au service de la communauté humaine? Mais le ton peut redevenir moins passionné et plus raisonnable. Il comprend que la virginité ne peut être que le choix d'une âme qui aime assez Dieu pour lui consacrer toute sa vie. Jamais, pourtant, il n'arrive à saisir que le mariage est d'institution divine et que l'amour des époux est aussi à l'image de Dieu.

> Que chacun reste dans la vocation où il a été appelé! ... Est-il entouré du mariage comme d'une peau? Qu'il ne cherche pas la nudité de la virginité et de la chasteté perpétuelle qu'il a, une fois pour toutes, cessé d'avoir, mais qu'il use du mariage saintement et pudiquement... De même s. Paul, disputant sur le même chapitre de la virginité et du mariage, appelle serviteurs de la chair les gens mariés et libres ceux qui, exempts du joug du mariage, servent le Seigneur en toute liberté.[107]

L'on sent dans ce passage-ci, comme dans bien d'autres, la hantise de la «chair» qui tenaille s. Jérôme. Or la $\sigma\alpha\varrho\xi$, chez s. Paul, n'était pas synonyme de péché, d'aspect charnel du mariage, de désir, mais signifiait la condition humaine. La chair tout entière, selon l'Apôtre, a depuis l'Incarnation la possibilité de participer au rachat et est promise à l'Éternité.

On se gardera malgré tout d'accuser s. Jérôme d'avoir été totalement antiféministe. Il est aussi attiré par les femmes qu'il en redoute les charmes: pour les rendre inoffensives, il voudrait qu'elles se consacrent à la virginité et donc, renoncent à leur sexualité, car à partir de ce moment, il pourra lui aussi

---

107. S. JÉRÔME, *Lettres*, XXVIII, 3.

faire abstraction de la sienne. Comment expliquer, se demande-t-il encore, que la virginité soit plus répandue chez les femmes que chez les hommes? Et il enchaîne: C'est par les femmes qu'est venue la chute mais aussi le salut, grâce à Marie.

Il pose souvent des questions auxquelles il n'apporte pas de réponses véritablement logiques, comme le ferait un philosophe croyant ou incroyant. Il tire maintes fois sur la seule corde des sentiments; il n'est pas du tout métaphysicien. Sa foi a aussi quelque chose de tendu et de raidi qui le fait se réfugier derrière des arguments d'autorité indiscutables pour son interlocuteur. En fait, il manque d'ouverture d'esprit à cause de son trop grand souci de la perfection pour elle-même et non pour ce qu'elle pourrait contenir de ressources caritatives.

S. Jérôme s'est même imaginé avoir échappé à l'écueil dans lequel étaient tombés ses prédécesseurs, Tertullien, Cyprien, Damase ou Ambroise, qui avaient déprécié le mariage pour faire l'éloge de la virginité. Quant à lui, il estime que, dans sa lettre à Eustochie, il ne vise qu'à lui donner des armes pour garder le précieux bien qu'elle a choisi. Ses conseils de prudence et de recueillement lui paraissent d'autant plus nécessaires qu'Eustochie vit dans un milieu très proche des tentations du monde et dans lequel le christianisme n'avait pas encore entièrement pénétré. Il faut donc qu'elle se montre d'autant plus humble, généreuse et bonne pour ses inférieurs, réservée vis-à-vis des jeunes gens.

L'on sent une prévoyance et une sollicitude paternelles dans ces conseils à la jeune vierge: s. Jérôme voudrait écarter d'Eustochie toutes les tentations. Il l'appelle «ma fille, ma maîtresse (*domina*), ma coservante, ma soeur». Pour cette jeune vierge, il évoqua aussi le dur cheminement de ses renoncements: il rappela qu'il dut même abandonner la lecture de ses chers auteurs de culture païenne. Comme, depuis, il a mis tout son intérêt dans les livres saints, Eustochie devrait en faire autant.

À l'instar de tous les Pères de l'Église, il voit, dans l'amour de la toilette, une cause de chute pour les femmes, car elle les pousse à aimer l'argent. Si Eustochie est détachée de tout cela, elle pourra mieux se mettre à l'école des moines qui ont renoncé à tout en ce monde pour mieux prier. S. Jérôme n'avait-il aucun exemple féminin à lui proposer? Tous ces renoncements lui paraîtront légers si elle aime le Christ, car «rien n'est dur à qui aime»;[108] «à qui désire, nul effort n'est difficile». Il termine ses exhortations par ce conseil, destiné à soutenir les forces de la jeune vierge:

> Chaque fois que t'allèchera la vaine pompe du siècle, chaque fois que dans le monde tu remarqueras quelque objet fastueux, émigre en esprit au Paradis. Commence d'être ici-bas ce que tu seras là-haut. Alors tu entendras la voix de ton Époux: «Place-moi comme un sceau sur ton coeur, comme un sceau sur ton bras.» Pareillement fortifiée par tes actes et tes pensées, tu t'écrieras: «Les grandes eaux ne sauraient éteindre l'amour, ni les torrents le submerger!»

C'est donc sur un très beau dialogue mystique que s. Jérôme laisse sa jeune dirigée. Avant cela, il avait encore une fois réaffirmé la supériorité de la virginité sur le mariage qui a pourtant le mérite de donner des vierges. Celles-ci auront la première place parce qu'elles ont renoncé au monde et choisi un Époux dans le ciel. Il ne peut y avoir de mystique sans ascèse, pas plus qu'il ne peut y avoir de véritable amour, terrestre ou surnaturel, sans renoncement.

Contrairement aux païens de la Rome antique, s. Jérôme n'a malheureusement jamais compris que, même dans le monde et dans le mariage, l'on pouvait pratiquer les vertus qu'il exigeait de la vierge, c'est-à-dire la chasteté, la modération ou le renoncement, et la fécondité, qu'elle soit spirituelle ou encore biologique. Son tempérament passionné l'empêchait d'avoir une attitude plus modérée. Il lui a fallu prendre une conduite radicalement différente de celle de sa jeunesse et de ses premières expériences dans la vie, pour pouvoir s'en déga-

---

108. S. JÉRÔME, *Lettres*, XXII, 40.

ger. Et malgré sa bonne volonté, il n'est pas arrivé à un véritable équilibre. Ceci explique les outrances d'expression dans lesquelles il tombe parfois et son parti pris pour la virginité. Il avait très bien compris, sous son apparente rudesse, que la lampe portée par les vierges était une chose fragile et qu'elle devait être protégée. Il sentait aussi l'importance du témoignage apporté par les vierges dans un monde corrompu mais en quête d'une nouvelle lumière. Lui-même avait trouvé dans l'ascétisme une réponse à la dimension de l'ardeur de ses aspirations, et il avait résolu d'être l'apôtre de la vie parfaite. Il fut malheureusement, dans cette croisade, souvent dépassé par les sursauts de son bouillant tempérament. Il est regrettable que nous soyons si souvent rebutés par la forme exaltée dans laquelle il présente l'idéal de la virginité, d'autant plus que l'on n'en peut nier la grande valeur. Il nous semble qu'il faille surtout déplorer l'éclairage négatif qu'il projette sur le mariage, car il a marqué par la suite et très profondément la théologie du mariage telle que l'Église l'enseigna durant de longs siècles. La virginité a permis à la femme de se rendre plus autonome vis-à-vis de l'homme. Elle n'a pu obtenir la même reconnaissance d'autonomie dans le mariage, à cause d'idées erronées comme celles émises par s. Jérôme sur cette institution. Il est évidemment très regrettable qu'elle n'ait pu conquérir son autonomie qu'au prix d'un célibat consacré; mais c'est de cette manière seulement qu'elle put obtenir que son corps cessât d'être pour elle un destin. Il faut se souvenir que, dans une civilisation prétechnique, il est presque impossible à une femme d'échapper à son rôle de reproductrice. Si la virginité consacrée a permis à la femme de s'affranchir de la tutelle masculine imposée par la coutume et les institutions juridiques, il ne faudrait quand même pas voir là l'explication essentielle de ce choix.

Il nous paraît normal, aujourd'hui, de considérer l'homme et la femme comme des personnes substantiellement égales. Les Pères regardaient encore la femme comme impure, à cause d'un vieux tabou sémitique sur le sang. «Dans le judaïsme tardif, l'action la plus héroïque des patriarches passait pour être non le sacrifice d'Isaac, ni la lutte de Jacob avec l'ange, mais la fuite de Joseph se dérobant aux avances de la femme de Putiphar.»[109] L'antiféminisme de la tradition sémitique est une constante: elle se basait principalement sur l'infériorité de la femme, tirée de l'homme. La prédication de s. Paul ne détruisit malheureusement pas ces préjugés, bien ancrés et d'ailleurs très avantageux pour les hommes. Tout féminisme fut dès lors inconcevable dans l'Église, où l'on percevait toujours la femme comme source d'impureté, et on la confondait avec la sexualité. Celle-ci était désormais considérée comme un mal et le mariage semblait être l'occasion d'exercer une sexualité débridée. Ce préjugé résultait d'une interprétation biaisée du récit de la création; à cela s'ajoutait un véritable orgueil sexuel chez certains auteurs chrétiens vis-à-vis de la femme. Les Romains avaient eu pourtant une conception beaucoup plus élevée du mariage qui se traduisait dans cette belle formule égalitaire: «Ubi tu Gaius, ego Gaia.»

À l'instar des auteurs païens, les Pères de l'Église tentèrent de circonscrire les femmes dans un schéma fort semblable à celui de la matrone que les Romains avaient voulue chaste, féconde et maîtresse d'elle-même. La femme mariée devait être vertueuse, chaste et enfanter de préférence des vierges. La vierge serait prudente, pure pour devenir féconde spirituellement. Elle serait l'épouse du Christ et n'aurait donc pas besoin de l'homme pour réaliser sa destinée. Ce dernier espérait être libéré désormais des liens qui l'attachaient à la femme. Or les relations ambivalentes amour-haine, qui unissent l'homme et la femme, sont inhérentes à notre condition humaine. Nous aimerions pouvoir les rejeter pour retrouver l'état primordial d'unicité perdu selon les chrétiens lors de la Chute, et qui serait le nôtre dans l'au-delà. Les Pères voulaient vivre dès maintenant comme des anges, mais la Femme, l'Autre, la Chair, continuait à leur rappeler leur vocation terrestre et incarnée, d'où une inévitable mais pourtant injustifiable agressivité, issue d'une compréhension erronée de l'authentique vocation

---

109. F. QUÉRÉ-JAULNES, *La Femme*, Paris, 1968, p. 13.

humaine, qui est de réaliser la plénitude de l'humain: «homme et femme, Il *les* créa».

Une fois encore, des préjugés bien établis et, chez les hommes, le désir de conserver des privilèges qui en étaient issus, firent que l'on ne tint pas vraiment compte du message évangélique. L'amour prêché par le Christ dans sa vie comme dans ses paroles, sa sollicitude pour les femmes, certaines lettres de s. Paul mettant sur un pied d'égalité homme et femme, ne changèrent que peu les mentalités. Pourtant, dans cette optique nouvelle, la sexualité n'aurait plus dû être un lieu de divergence, mais d'unité, où se fondraient les altérités.

6. *Débuts d'une organisation matérielle de l'état de virginité*

Il semble bien qu'il ait fallu un certain temps pour que l'état de virginité, encouragé par l'Église, soit vraiment institutionnalisé. Très vite, il y eut des femmes qui firent le voeu de chasteté, mais cela resta des initiatives privées. Les *Actes des Apôtres* signalaient déjà le cas des quatre filles de Philippe,[110] qui restèrent vierges et prophétisèrent. Au deuxième siècle de notre ère, Justin saluait les nombreux hommes et femmes des différentes classes sociales qui consacraient leur vie à la chasteté.[111] S. Clément de Rome faisait allusion aux ascètes qui pratiquaient la chasteté.[112] Dix ou quinze ans plus tard, s. Ignace d'Antioche, dans une lettre à l'Église de Smyrne, envoyait une pensée spéciale aux vierges.[113]

À son tour, Athénagore, en écrivant à Marc-Aurèle, témoignait de l'existence de «ces hommes et ces femmes qui, jusqu'à l'extrême vieillesse, vivent hors du mariage dans l'espoir de pouvoir s'unir davantage à Dieu».[114]

---

110. XXI, 8.9.
111. JUSTIN, *Apologie*, I, 14-29.
112. CLÉMENT DE ROME, *Philosophoumena*, XXX, VIII, 2.
113. IGNACE D'ANTIOCHE, *Smyrne*, XII, I.
114. ATHÉNAGORE, *Legatio*, 33.

Au troisième siècle, les vierges consacrées devaient déjà être nombreuses, selon le témoignage d'auteurs aussi importants que Tertullien[115] ou s. Cyprien.[116] Ce dernier célèbre la «glorieuse fécondité de l'Église», dont la joie maternelle s'accroît au fur et à mesure qu'augmente le nombre de vierges. Au début de son épiscopat, il écrivit une série d'instructions destinées à mettre en garde les vierges contre les dangers du monde et surtout de la coquetterie, car tous les artifices de toilette sont des inventions du diable pour induire en tentation. Les vierges veilleront à ne pas se mêler aux distractions profanes telles que les bains publics ou les repas de noces. Cet ouvrage est, en fait, une paraphrase de l'oeuvre de Tertullien, mais il a le mérite d'avoir adouci certaines outrances de son prédécesseur.

Nous n'avons pourtant aucune indication précise sur le nombre réel des vierges à cette époque. Elles vivaient généralement dans leurs familles, sans qu'aucun signe extérieur ne les distinguât. C'est sans doute à cause de cette liberté que les pasteurs crurent bon de leur répéter si souvent d'être vigilantes envers les tentations de la vie en société: jeux, bains, festins et foule.

Elles n'ont pas tout de suite occupé une place distincte dans la hiérarchie de l'Église, alors qu'on en reconnaîtra très vite une aux veuves. La *Didascalie* (IIIe siècle) ne les mentionne pas encore, mais elles le seront dans les *Constitutions apostoliques* (IVe siècle) et elles viennent après les évêques, les prêtres, les diacres et les diaconesses. À l'époque de s. Ambroise, elles occupaient une place spéciale dans l'Église et prenaient part aux cérémonies religieuses, aux chants et aux processions. Elles faisaient l'objet de marques spéciales de vénération, puisque les matrones ne quittaient pas l'assemblée sans être venues donner le baiser de paix aux vierges consacrées.[117] Il ne semble pas qu'elles aient prononcé des voeux lors d'une cérémonie officielle avant le troisième siècle.

---

115. TERTULLIEN, *De carnis resurrectione*, 61.
116. S. CYPRIEN, *De hab. virg.*, 3.
117. *De lapsu virginis consecratae*, 6, 24; *P.L.*, 16, 374.

S. Cyprien s'inquiétait beaucoup des vierges qui vivaient soi-disant chastement avec des hommes et s'exposaient, de ce fait, inutilement à des tentations. Si, disait-il, elles se sont loyalement consacrées (*ex fide Christo dicaverunt*) au Seigneur, qu'elles restent «chastes et pures» et attendent patiemment la récompense de leur sacrifice. Si cet état leur semble trop pénible, qu'elles se marient plutôt. L'évêque nous a donné des détails curieux sur la manière dont on vérifiait les protestations d'innocence des vierges agapètes.

> Et que nulle d'entre elles ne s'imagine qu'elle puisse se défendre en disant qu'on peut l'examiner et voir si elle est vierge. La main et l'oeil des sages-femmes s'y trompent souvent, et si une jeune fille est reconnue intacte et vierge à l'examen, elle pourra avoir, par ailleurs, péché contre la chasteté mais qu'aucun contrôle ne soit possible. Mais déjà le fait de partager la même couche, de s'embrasser, de tenir des conversations, de se baiser et de dormir à deux dans le même lit, quelle honte et quelle faute![118]

L'évêque comparait alors l'indignation du Christ à la colère d'un mari trompé, puisque la vierge consacrée (*sibi dicatam*) dormait avec un autre que Lui. L'évêque approuvait les mesures prises pour refuser la communion à des diacres qui avaient coutume de dormir avec des vierges. Il conseillait de faire examiner les vierges par des sages-femmes pour voir si elles pouvaient encore être admises à la communion et à l'assemblée des fidèles. On leur spécifia que si elles retournaient à leurs anciennes habitudes, elles feraient l'objet d'une exclusion plus sévère. Si l'une ou l'autre de ces vierges était déclarée coupable, elle aurait à faire pénitence, car elle aurait commis l'adultère à l'égard du Christ. On lui fixerait alors un temps de pénitence, après lequel elle pourrait revenir à l'Église.

Il semble donc que petit à petit l'état de vierges consacrées ait fait l'objet d'une réglementation. Leur engagement paraît déjà souligné par s. Cyprien, lorsqu'il emploie à plu-

---

118. S. CYPRIEN, *Lettres* IV, III, 1.

sieurs reprises le verbe *dedicare*:[119] ne dit-il pas aussi que les «fautes étrangères ne font pas défaillir les glorieuses résolutions de la continence» (*Continentiae propositum gloriosum*). Il entend par là que seules les fautes contre la pureté pourraient constituer un obstacle à leurs résolutions de pureté. Contrairement à Tertullien dont il s'est largement inspiré, s. Cyprien a toujours gardé une attitude beaucoup moins intransigeante. Il n'excluait pas la miséricorde lors d'une chute, car il savait que l'engagement pris par les vierges pouvait aller au-delà de leurs forces.

Celles qui vivaient dans l'entourage de s. Jérôme partageaient encore la vie familiale. Cependant, en 386, Paula et Eustochium fondaient un monastère en Palestine et la virginité devint alors une forme de vie sujette à des règlements canoniques.[120] Éthérie, dans son *Journal de voyage*, rapporta qu'elle vit un grand nombre de couvents de vierges en Asie Mineure.

La soeur de s. Ambroise, Marcelline, reçut à la Noël de 353 la bénédiction du pape. Elle avait, à cette occasion, changé d'habit. Elle était entourée de compagnes; l'on se souviendra aussi que des jeunes filles venaient de partout pour se faire consacrer par l'évêque de Milan.[121]

Il aurait coexisté à cette époque, nous semble-t-il, deux manières de vivre pour les femmes consacrées, soit au sein de leur famille, soit en groupe et retirées du monde. Cette seconde façon les exposait sans doute moins aux tentations de la vie en société.

S. Athanase aurait écrit un petit traité de la virginité, dans lequel il rappelait les devoirs et les moyens de se sanctifier en suivant une règle bien établie et en s'imposant des austérités, mais sans excès. Le jour comme la nuit, des heures fixes de prières rappelaient la passion du Seigneur. Le jeûne et la fruga-

---

119. *De habitu virginum*, 4; *Lettres*, IV et LXII.
120. S. JÉRÔME, *Lettres,* CVIII.
121. S. AMBROISE, *De virginibus*, I, 10.

lité dans les repas, composés de pain et de légumes assaisonnés d'huile, étaient de rigueur. Comme plus tard s. Jérôme, s. Athanase conseillait déjà d'étudier et de méditer sans relâche les Saintes Écritures. Il s'adressait encore à des vierges groupées à deux ou trois, mais qui, sans vivre dans un couvent, sentaient déjà le besoin de mener une existence bien réglée. Petit à petit, on s'acheminait vers l'organisation d'une véritable vie communautaire avec un emploi du temps bien établi.

On a beaucoup discuté la question de savoir si les vierges prononçaient des voeux. Il me semble que, très vite, il a dû exister une forme d'engagement personnel, mais encore privé puisque les autorités, et notamment s. Cyprien, emploient à ce propos des verbes comme *devovere* ou *dicare*. Les Conciles ont légiféré sur la conduite des vierges consacrées et infidèles, ce qui prouverait bien qu'elles avaient dû faire certaines promesses. Le Concile d'Elvire[122] (en 300) prononçait l'excommunication contre les vierges consacrées (*Deo sacratis*) qui persévéraient dans une faute charnelle. Si elles reconnaissaient leur faute et faisaient pénitence sans faillir à nouveau, elles pourraient recevoir la communion à la fin de leur vie. Il nous semble intéressant de souligner que le même Concile légiféra au sujet de la jeune fille qui, n'ayant pas prononcé ses voeux, commettait une faute charnelle:[123] si elle épousait celui auquel elle s'était donnée, elle pouvait à nouveau recevoir la communion au bout d'un an. Si elle épousait un autre homme, elle devait faire cinq ans de pénitence. Sa faute était perçue comme une violation des lois du mariage et n'encourait donc pas une pénitence aussi grave que dans le cas d'une vierge consacrée, dont l'engagement était considéré comme définitif et irréversible.

Les Conciles ont toujours eu à coeur de prendre des mesures pour protéger la vertu des vierges. Celui de Rome, en 386, interdisait aux clercs non mariés de visiter seul une vierge. Il enjoignait aux prêtres et aux évêques de confier à des femmes vertueuses les vierges consacrées lorsqu'elles avaient perdu

---

122. *Can.* 13.
123. *Can.* 14.

leurs parents. Il spécifiait, assez curieusement, qu'il leur était interdit de communiquer avec le lecteur et le confesseur, c'est-à-dire le chantre. Il ne fallait pas non plus qu'une vierge consacrée à Dieu, en l'absence de l'évêque, chantât chez elle les antiennes avec son serviteur ou un confesseur. Toujours au même Concile, les évêques prirent des mesures disciplinaires pour réprimer l'inconduite des vierges consacrées. Elles ne pouvaient être réadmises à la communion qu'après dix ans de pénitence si elles avaient commis une faute charnelle. La même pénitence était prévue pour le complice. Si jamais une vierge consacrée décidait de se marier, elle ne pouvait plus recevoir la communion avant d'avoir cessé de vivre maritalement avec son mari.

Nous apportons là, nous semble-t-il, une preuve supplémentaire que les voeux prononcés par la vierge l'engageaient pour la vie. Ceci expliquerait également pourquoi les Conciles recommandèrent de ne pas permettre aux jeunes filles de s'engager trop jeunes. Au Concile de Carthage (an 390) et d'Hippone (an 393), les évêques tentèrent de tempérer le zèle des prêtres qui se permettaient de consacrer des vierges sans avoir obtenu, au préalable, l'assentiment de l'évêque, et ils s'attachèrent à calmer l'ardeur des jeunes filles qui réclamaient le voile trop jeunes.

C'est donc à partir du quatrième siècle que l'Église va reconnaître officiellement l'état de virginité et, par le fait même, établir des règles qui le sanctionneraient. Elle va d'abord distinguer la simple promesse, ou voeu privé, de la consécration officielle, ou voeu public et solennel, faite devant l'évêque. Il existait désormais une tendance à donner aux rites une forme fixe.[124]

Il se pourrait que l'on ait admis les vierges à la consécration plus tôt dans l'Église grecque que dans l'Église latine. S. Basile admettait les jeunes filles à la consécration vers seize ou dix-sept ans.[125] S. Ambroise, quant à lui, conseillait beaucoup

---

124. TH. CAMELOT, *Virgines Christi*, Paris, 1940, p. 40.
125. S. BASILE, *Ep.*, 199, 18; P.G., 32, 70.

de prudence aux évêques et leur demandait d'examiner soigneusement le cas de chaque candidate. Les critères ne tenaient pas tant, à son avis, à l'âge qu'à la foi, la pudeur, la maturité, la réserve. Il lui semblait également très important que la vocation de la jeune fille soit soutenue par son milieu, car il fallait qu'elle soit protégée par la présence de sa mère: la compagnie d'autres vierges lui serait aussi une heureuse émulation.

Nous pouvons en conclure qu'à Milan, vers 377-378, la vierge vit encore généralement dans sa famille. S. Jérôme connaissait à Rome une jeune fille qui avait prononcé le voeu de virginité dès l'âge de dix ans. Cela devait être assez exceptionnel.[126] Elle n'avait peut-être pas pour autant reçu le voile qui était le signe extérieur de ses noces avec le Christ. S. Ambroise croyait qu'il ne fallait pas, par principe, écarter les très jeunes filles, car il y avait eu de très jeunes martyres comme S. Agnès, dont il fit revivre la mémoire au commencement de son traité sur les vierges.

Les cérémonies de la consécration devaient avoir lieu lors de grandes fêtes liturgiques. Ceci tendait encore à souligner l'importance que l'Église attachait à l'engagement des vierges et l'exemple qu'elle voulait donner par là à la chrétienté. Marcelline, la soeur de s. Ambroise, avait été consacrée par le pape Libère lors de la fête de Noël, en 353, et la cérémonie avait eu lieu sur le tombeau de s. Pierre. Le pontife lui avait adressé une allocution qui est contenue dans le *De virginitate* de s. Ambroise: ce dernier l'a peut-être remaniée, mais elle est cependant le reflet de la pensée de l'Église sur la question. L'état de la vierge consacrée était assimilé à l'état matrimonial, et les mêmes lois régissaient ces deux unions: d'abord, la fidélité et, ensuite, l'indissolubilité. S. Ambroise pensait aussi qu'il n'y avait pas de meilleurs jours pour prononcer des voeux de virginité que celui de Noël, puisque c'était alors que Marie était devenue mère, ou encore Pâques, lorsque l'Église faisait éclater sa fécondité.[127] La virginité restait bien liée à l'idée de fécon-

---

126. S. JÉRÔME, *Lettres*, XXIV *Ad Marcellam*.
127. S. AMBROISE, *Exh. virg.*, 742; *P.L.*, 16, 348.

dité spirituelle, ainsi qu'à celle du rachat de l'humanité, sauvée par des forces nouvelles venues non plus de ce monde (comme c'était le cas pour les déesses vierges-mères), mais bien de l'au-delà, d'où elle tirait sa raison d'être. En effet, jusqu'alors pour les païens, le cosmos intégrait à la fois les forces matérielles et spirituelles. On peut sans doute expliquer de cette façon la différence fondamentale qui existe entre la conception de la virginité chez les chrétiens et la chasteté des Vestales. Pour les païens, le divin restait intégré au magma cosmique, tandis que pour les chrétiens, Dieu est distinct du monde de la matière. La chasteté des Vestales représentait une potentialité de pureté destinée à maintenir l'équilibre des forces terrestres. La vierge, qui consacre sa virginité à Dieu, fait le pont entre deux mondes: celui de la matière et le monde surnaturel.

Le traité *De lapsu virginis consecratae*, dont on sait qu'il n'est pas de la plume de s. Ambroise, nous donne une idée de la solennité des cérémonies entourant une consécration. Il y est question d'une «grande assemblée» et du «peuple si nombreux», réunis pour assister aux noces de la vierge avec son époux, le Christ. Tertullien fut un des premiers à utiliser le terme d'épouse du Christ pour désigner le mariage mystique, le seul qui, échappant à ses outrances de langage, fait l'objet de toute sa sollicitude.[128]

S. Ambroise emploie surtout le terme de *virgo sacra* pour désigner la vierge consacrée, mais l'on trouve chez les Pères et dans les inscriptions d'autres dénominations, telles que *puella sacra, puella Christi, puella Dei, virgo Dei, Domina sacra Domini, virgo Christi.*[129]

Nous n'avons malheureusement pas gardé de formules de consécration antérieures à celle du sacramentaire léonien, ainsi appelé du fait qu'il date du pontificat de Léon le Grand

---

128. TERTULLIEN, *De virg. vel.*, 16; *De resur. carn.*, 61; «Virgines maritatae Christo».
129. R. METZ, *La Consécration des vierges dans l'Église romaine*, Paris, 1954, p. 92.

(vers 440). On y trouve la même insistance sur l'aspect des noces spirituelles de la vierge avec le Christ. Tout en se défendant de condamner le mariage, le sacramentaire s'exprime ainsi:

> Il est des âmes plus hautes qui, dans l'union de l'homme et de la femme, dédaignent la réalité charnelle pour désirer le mystère qu'elle représente, et se refusent d'imiter ce qui est signifié par les noces.[30]

La virginité n'a pas de valeur en soi, elle ne prend son sens que dans la vie spirituelle, dans l'union mystique avec Dieu. La virginité consacrée devait permettre à celles qui s'y engagent de retrouver le paradis perdu par l'humanité enlisée dans la vie charnelle et, de ce fait, être la source d'une fécondité nouvelle et toute spirituelle qui rejaillirait sur toute l'Église.

Puisque l'état de virginité était assimilé à l'état matrimonial, on demanda aux vierges de posséder les mêmes qualités de chasteté, de fécondité et de maîtrise de soi qui avaient été célébrées dans le cas des antiques matrones. Pour rendre l'analogie encore plus frappante, l'on emprunta des rites au mariage pour les transposer à la consécration des vierges. Les deux cérémonies eurent lieu pendant une messe, durant laquelle on prononçait des bénédictions. Les vierges, comme les jeunes mariées, portaient un voile, le *flammeum*, dit, dans le cas d'une vierge, *flammeum virginale* ou *Christi*, ou encore, *velamen*.[131] L'on sait que Tertullien a écrit tout un ouvrage, le *De velandis virginibus*, pour inciter les vierges à se couvrir la tête d'un voile.

> La véritable virginité n'appréhende rien tant que d'être vue et dans cette juste crainte, elle a recours au voile de la tête comme aux armes, qui peuvent la défendre contre la violence des tentations et contre tous les dangers.[132]

---

130. *Sacramentaire léonien*, 140, 10.
131. Les Vestales portaient un voile blanc, *suffibulum*, alors que le *flammeum* des mariées était couleur feu. Cf. R. SCHILLING, «Vestales et vierges chrétiennes dans la Rome antique», *Revue de sciences religieuses*, 35 (1961), pp. 114 *sqq*.
132. TERTULLIEN, *De velandis virginibus*, XV.

S. Jérôme rapporte qu'en Égypte et en Syrie, les vierges et les veuves consacrées se faisaient même couper les cheveux.[133] Ce fait est confirmé par le Concile de Nicée (en 325) au canon 66, qui prévoit que cette coupe se fera en forme de couronne. Selon R. Metz, les vierges ne portaient pas d'habits spéciaux.[134] Cependant, le Concile de Carthage, en 394, spécifie que:

> Lorsqu'une vierge est présentée à la consécration de l'évêque, elle doit venir revêtue des vêtements qu'elle portera toujours dans la suite de son saint état.[135]

En 380, le Concile de Saragosse fixa l'âge de l'admission des vierges à quarante ans: le *liber Pontificalis*, attribué à s. Léon, opte pour la même règle, ainsi d'ailleurs que toute la législation romaine du Bas-Empire. Mais en 393, le Concile d'Hippone, présidé par l'évêque Aurèle, autorisait, dans certains cas, la consécration à vingt-cinq ans. Les évêques veillaient sur les vierges, car ils craignaient les scandales si elles ne restaient pas fidèles: ils tinrent à ce qu'elles soient toujours mieux encadrées. Elles furent alors regroupées sous la hiérarchie épiscopale.[136]

Nous avons vu comment la vierge chrétienne incarnait désormais les trois qualités fondamentales que la Rome antique avait exigées des matrones. Elles furent transportées sur un plan spirituel et dans une optique de vie non plus terrestre mais éternelle. La vierge se devait de porter, à un degré de perfection encore inconnu, la pureté, la fécondité, la force de caractère. Il ne fallait pas se leurrer, leur disait-on, la virginité est un état exigeant, ce que Méthode d'Olympe appelait «le combat olympique de la pureté»; mais quelle ne serait pas leur récompense dans la vie éternelle! L'on ne cessait pour autant de se référer au schéma initial des trois vertus correspondant aux trois fonc-

---

133. S. JÉRÔME, *Lettres*, XLVIII.
134. R. METZ, *op. cit.*, p. 136.
135. *Can.*, II.
136. M. OLPHÉ-GAILLARD, «La Virginité consacrée dans l'Occident latin», *Probl. de la relig. d'aujourd'hui*, pp. 71-90.

tions mises en évidence par G. Dumézil.[136b] La pureté est le propre du sacré, la force de caractère s'apparente à la vertu guerrière et le tout est couronné par la fécondité.

Il est aussi apparu clairement combien la virginité n'avait pu être dissociée de l'allégorie des noces. L'humanité ne pouvait renier la dualité des deux pôles masculin et féminin qui reste à la base de toutes les relations intérieures du soi, du moi avec l'autre, et de l'homme avec Dieu. Ce type de relation est inhérent à notre nature, non seulement parce qu'elle est sexuée, mais parce que l'homme a été créé pour dialoguer et échanger, donc dialogue intérieur, avec les autres, avec le Créateur.

Nous avons pu voir aussi que la chasteté avait d'abord été une vertu morale dans le cas des Vestales astreintes à la réserve et à la pudeur. Elle devint une disposition de l'esprit pour les philosophes. Enfin, depuis le christianisme, elle tint à l'âme; mais elle est toujours restée liée à une certaine conception de la fécondité, qu'elle soit biologique, intellectuelle ou spirituelle.

L'humanité ne peut donc se détacher de cette vocation essentielle de fécondité, base même de sa survie, et qui lui permet de participer au paradis perdu, mais retrouvé depuis la Rédemption. Le Christ était venu donner un nouvel espoir à des hommes et des femmes qui tentèrent, par la voie du détachement, de trouver l'Éden dès ici-bas, ou la liberté devant les enchaînements terrestres. Les femmes vinrent d'autant plus nombreuses qu'elles souffraient sans doute plus que leurs compagnons de cette subordination, puisqu'elles étaient soumises non seulement aux choses matérielles mais aussi aux hommes. Leur nature aussi les poussait à se donner à cet idéal nouveau avec beaucoup de générosité: la maternité et leur rôle de soumission au sein du couple les y avaient mieux préparées. Elles pressentaient qu'elles avaient beaucoup à y gagner, non seulement sur le plan spirituel, mais aussi sur le plan humain, puis-

---

136 b. G. DUMÉZIL, *La Religion romaine archaïque*, Paris, 1966. M. Dumézil a démontré que la triade capitoline correspondait à une répartition sociologique indo-européenne (prêtres — guerriers — agriculteurs).

que la virginité pouvait les libérer d'une sujétion. Cependant le rôle d'épouse du Christ demandait d'elles de pousser au point de perfection les traditionnelles vertus romaines de pureté, de fécondité, de maîtrise de soi. Il fallait transposer sur le plan spirituel un idéal terrestre: il n'y eut donc pas une véritable innovation, une brisure, mais la sublimation d'une première intuition humaine de l'état de perfection.

Les Pères de l'Église insistèrent beaucoup sur la fragilité de la nature humaine et les dangers qui guettaient la vierge. Ils leur conseillèrent parfois avec douceur, d'autres fois avec violence, mais toujours animés d'un grand désir de persuasion, de se garder de tout ce qui pourrait les distraire de leur engagement, qu'elles se devaient de respecter sous peine d'encourir des punitions très graves. La voie du célibat consacré avait quelque chose de surhumain: la virginité était un défi pour la nature. Il fallait donc que ces vocations soient soutenues par toute une spiritualité, une mystique et une eschatologie capables de compenser les sacrifices humains. Les Pères de l'Église furent-ils toujours désintéressés dans leurs conseils? À en juger par le ton désagréable de certains de leurs écrits, nous n'oserions l'affirmer. Ils étaient restés des hommes, incapables parfois de sublimer un ressentiment inconscient contre les femmes. Elles incarnaient pour eux la chair et leur sexualité, dont ils auraient aimé se détacher pour être fidèles, sans trop de difficultés, à leur désir de chasteté. La fécondité spirituelle de la femme devait leur paraître plus rassurante que la maternité biologique qui échappe aux hommes. Une égalité dans les vocations pouvait être obtenue grâce à la virginité, qui exigeait des hommes et des femmes les mêmes renoncements, la même pureté pour devenir féconds spirituellement et retrouver dès ici-bas le paradis perdu par Adam et Ève.

II
Le mariage

La conception chrétienne du mariage a été tout naturellement marquée par les deux récits que la Genèse a donnés de la création d'Adam et d'Ève. Il semble qu'on y ait vu en outre la justification d'une supériorité de l'homme sur la femme. Une lecture plus objective pourrait permettre une interprétation différente. Le premier récit met très clairement sur le même pied la femme et l'homme.

> Dieu créa l'homme à son image,
> à l'image de Dieu il le créa,
> homme et femme il les créa.[137]

Sans doute, selon le second récit, la création d'Adam aurait précédé celle d'Ève, mais on y dit bien qu'elle est une aide semblable à lui: il n'y a donc pas lieu de conclure à une inégalité entre eux. La mission qu'ils auront à remplir dans le monde leur est commune.

Quant au rôle de la femme dans la chute, il peut évidemment être perçu de deux façons. Ou bien on condamne Ève pour avoir entraîné Adam, ou bien on la loue pour son esprit d'initiative et l'on condamne l'homme pour sa faiblesse. Le châtiment qui est réservé à Ève sonne plus durement que celui qui est promis à Adam par Dieu. Ève connaîtra non seulement, comme son partenaire, la souffrance et la mort, mais encore son désir la poussera vers l'homme qui la dominera.[138] Toutefois, le Créateur lui donne aussitôt une espérance très puissante puisqu'Il lui promet qu'un jour elle écrasera le tentateur. Si

---

137. *Genèse*, I, 27.
138. *Genèse*, 3, 16.

Ève, c'est-à-dire la vivante, est à l'origine de l'existence déchue, elle sera aussi la source du rachat et du salut de l'humanité. Sa destinée a donc un sens et une ampleur que n'a pas celle de l'homme. Son infériorité n'est qu'apparente puisque c'est elle qui possède les clés de la vie.

L'Ancien Testament contient de nombreuses allusions à la conduite que doivent observer les hommes envers les femmes. L'*Ecclésiaste*, en particulier, donne des conseils de prudence:[139] il chante l'épouse vertueuse non sans l'opposer à celle qui ne le serait pas. «Toute malice, écrit-il, n'est rien auprès d'une malice de femme», ou encore «la femme méchante, c'est un joug à boeufs mal attachés». Par contre, il estime que

> La grâce d'une épouse fait la joie de son mari et sa science est pour lui une force.
> Une femme silencieuse est un don du Seigneur, celle qui est bien élevée est sans prix.
> Une femme pudique est une double grâce, celle qui est chaste est d'une valeur inestimable.[140]

Selon l'Ancien Testament, la condition des femmes en Israël n'était guère enviable: elles l'assumaient dans l'espoir d'être peut-être un jour la mère du Sauveur. Cela les aidait à supporter d'être considérées presque uniquement comme des génitrices et non pas comme des compagnes de l'homme. N'oublions pas non plus qu'à cause de «la dureté de leur coeur», les Juifs furent longtemps polygames. Cette coutume était tombée en désuétude au temps de Jésus, mais il y avait des rabbins pour le regretter.

Avec le Nouveau Testament, la femme ne sera plus désormais astreinte uniquement à cette première vocation de la maternité. Les Évangiles ne contiennent aucun passage où l'on trouve la procréation envisagée comme un devoir dans le plan du salut. La fécondité y est plutôt considérée comme un cadeau surajouté à l'union des conjoints. S. Paul affirme d'ailleurs

---

139. *Ecclésiaste*, 9-13.
140. *Ibid.*, 25, cl. 26.

Tête de femme romaine (face) — (Bibliothèque Royale, Bruxelles)

assez clairement la priorité de l'amour sur la descendance.[141] La maternité est recommandée à la femme comme une preuve de sa soumission à la nature humaine, mais non pas comme un devoir religieux, puisqu'il lui faut avant tout «persévérer avec modestie dans la foi, la charité et la sainteté».[142]

Le Nouveau Testament nous donne aussi la confirmation que, dans le plan de Dieu, la femme et l'homme ont l'égalité de nature. Le Christ est né d'une femme. D'après les Évangiles, nous savons que les hommes comme les femmes entendent le même appel.[143] S. Paul lance à son tour le vibrant «il n'y a ni Juif, ni Grec, il n'y a ni esclave, ni homme, ni femme: vous n'êtes tous qu'un dans le Christ Jésus».[144]

L'on est en droit de se demander comment il se fait que la réalité ait si peu correspondu à ces théories. Ces professions d'égalité semblent bien être restées lettre morte. Il s'agissait plutôt d'une attitude morale qui, à cause des moeurs du temps, ne put se traduire dans un renouveau sur le plan social. En prononçant les paroles citées plus haut, s. Paul faisait peut-être inconsciemment écho à une formule rabbinique qui mettait sur le même pied les esclaves, les femmes et les enfants.[145] Il y a chez lui, à cause de sa formation dans le milieu du judaïsme le plus strict, une tension et une certaine agressivité envers les femmes, qu'il ne put jamais entièrement surmonter. Il ne pouvait concevoir, pour cette raison, que les femmes puissent accéder à des fonctions sacerdotales.[146] Cette exclusion a dû paraître étrange dans le monde gréco-romain où l'on avait toujours connu des

---

141. *Gal.*, 3,28.
142. *1 Tim.* 2, 15 et 5,14.
143. *Luc* 6, 20-22; *Mt* 5, 1-12.
144. *Gal.*, 3, 28.
145. J. LEIPOLDT, *Die Frau in des antiken Welt und im Urchristentum*, Leipzig, 1954, pp. 72-116.
146. *I Cor.* 11, 3-15; 14,33-36.

femmes-prêtresses, tandis que les cultes orientaux leur réservaient une hospitalité encore plus grande.

Le Christ a très souvent parlé aux femmes, et il n'y a jamais rien eu de méprisant dans son attitude à leur égard;[147] il a même très souvent scandalisé les Pharisiens par la compréhension qu'il leur témoignait. Il respecta et aima sa mère. Il n'a pu choisir d'apôtres parmi les femmes, car la chose eût été inconcevable dans le milieu où il vivait, mais plusieurs d'entre elles le suivirent dans sa prédication. Elles furent les dernières à rester auprès de lui au Golgotha, comme elles furent les premières à apprendre sa Résurrection et à y croire. Marie a donné à ses contemporaines un exemple de soumission et d'acceptation des événements, seule attitude possible pour une femme de cette époque, dans le milieu juif. Dans cette société patriarcale, la femme était surtout un instrument de reproduction, voire de jouissance. La conception sémite du rôle de la femme semble avoir supplanté dans le christianisme les idées plus libérales et plus ouvertes des civilisations hellénistique et romaine.

Parallèlement à cette tendance va s'en développer une autre, marquée cette fois par les relents de philosophies comme celles des Purs, Cathares ou Manichéens, qui considéraient la femme comme impure. Cette crainte de l'impureté, érigée en doctrine, pourrait bien être une conceptualisation de l'angoisse inconsciente et incontrôlée des hommes devant les «mystères» de la femme, angoisse dont on trouve des traces dans presque toutes les civilisations.

---

147. *Luc* 1, 30-35: Marie chez Elisabeth; 1, 41-51: Visitation et magnificat; 2: la prophétesse Anne; 4: la belle-mère de Pierre; 7, 12-15: la veuve de Naïm; 7, 37-50: la Pécheresse; *Luc* 8: entourage féminin de Jésus; 13, 11-13: la femme courbée depuis 18 ans; *Luc* 23, 40-55: les femmes à la mort de Jésus. *Mat.* 15, 22-28: la Cananéenne; 17, 56-57 et 61: les femmes et la Résurrection; 9, 18-26: L'hémoroïsse et la fille de Jaïre. *Jean* 4: la Samaritaine; 8, 3-11: la femme adultère; 11, 1-45: Marthe et Marie; 12, 1-3: Marie et Marthe à Béthanie; 19-25: femmes près de la Croix. *Marc* 15, 40-41, 47: les femmes à la mort du Christ.

1. Saint Paul et le mariage

Nous avons déjà cité, lorsqu'il fut question de la virginité, un passage de Matthieu,[148] dans lequel on voit Jésus proposer à ceux qui sont capables de le comprendre l'idéal des «eunuques» qui le sont devenus à cause du royaume des Cieux. L'enseignement de s. Paul va développer cette pensée et répondre à des questions d'ordre pratique. Il s'adressait aux jeunes filles comme aux jeunes gens[149] et aux personnes non mariées comme aux veuves.[150] Il leur recommandait d'être, si la chose était possible, comme lui, c'est-à-dire libre des liens de ce monde, et donc par le fait même, plus aisément disponible pour le service de Dieu et du prochain. Il ne recommandait une continence passagère aux gens mariés que dans un but religieux. Il s'éleva contre les «imposteurs» qui interdisaient le mariage,[151] mais plaça la virginité au-dessus de cet état.

> Il est avantageux pour l'homme de ne pas toucher de femme.[152] Je dis aux non-mariés et aux veuves, il est bon de demeurer dans sa situation.[153] Celui qui marie sa fille fait bien; celui qui ne la marie pas fait mieux.[154] (*La femme veuve*) est plus heureuse si elle demeure comme elle est. Or je crois avoir, moi aussi, l'esprit de Dieu.[155]

S. Paul savait bien que ces conseils s'adressaient à des personnes qui avaient le souci d'une perfection plus grande et qu'il ne pouvait nullement s'agir d'un précepte. Mais comment ne pas sentir dans ces textes une certaine dépréciation du mariage. L'apôtre faisait d'ailleurs une distinction bien significative entre le $\varkappa\alpha\lambda\grave{o}\nu$ (le bien) et le $\varkappa\rho\hat{\epsilon}\tau\tau\omega\nu$ (le meilleur),[156] dis-

---

148. *Mat.* XIX.
149. *1 Cor.* 7, 8, 26-28, 32-33.
150. *I Tim.* 5, 9-16.
151. *I Tim.* IV, 1-3.
152. *1 Cor.* 7, 2.
153. *1 Cor.* 8.
154. *1 Cor.* 38.
155. *1 Cor.* 40.
156. *1 Cor.* 7, 8 et 9.

tinction qui donna lieu à des interprétations excessives, d'où découlèrent des doctrines comme celles des Encratites.[157]

Croyant interpréter la pensée de s. Paul, les Pères de l'Église vont présenter le mariage comme une conséquence du péché. Le Christ, croyaient-ils, était venu instaurer un nouvel ordre dans le monde et restaurer l'homme dans sa nature première immortelle et incorruptible.[158] Alors comment retrouver dès ici-bas l'innocence paradisiaque mieux que par la virginité et donc, par le renoncement au mariage? C'est pourquoi, Grégoire de Nysse écrivait:

> Le mariage a été donné comme une consolation à la mort. Il faut y renoncer, se dépouiller des tuniques de peau pour retourner dans ce paradis d'où nous avions été chassés, où s. Paul a été ravi pour entendre et voir des mystères indicibles et invisibles, dont il n'est pas possible à l'homme de parler.[159]

Pour s. Paul, la condition normale de l'homme et de la femme était bien pourtant le mariage,[160] et l'on ne la dépassait que lorsqu'on recevait un appel spécial de Dieu. Il recommandait d'ailleurs de réfléchir sûrement avant de s'engager dans la voie difficile du célibat, car «il vaut mieux se marier que de se consumer». Le mariage restait toujours permis, sauf lorsqu'on s'était engagé à ne pas se marier. Lorsqu'une veuve, par exemple, avait pris rang parmi les personnes consacrées à Dieu, elle ne pouvait plus se marier sans encourir le reproche d'infidélité à la foi donnée.[161]

S. Paul n'interdisait donc pas le mariage et ne forçait personne à s'engager dans la virginité. «D'un côté, il établit que le mariage est chose bonne, et de l'autre, il faisait voir que la virginité est préférable», écrivait s. Jean Chrysostome.[162]

---

157. L'encratisme est une doctrine morale ascétique qui a prévalu chez certains chrétiens au deuxième siècle. Elle interdisait le mariage, l'usage de la viande et du vin, sous peine de péché.
158. *1 Cor.* 15, 42-43, 54-55.
159. GRÉGOIRE DE NYSSE, *Traité de la virginité,* XIII, 1.
160. *1 Cor.* 7,2.
161. *I Tim.* 5,12.
162. S. JEAN CHRYSOSTOME, *De libello repudii*, II, 4.

Le Père grec avait bien compris les nuances de la pensée de s. Paul, mais il n'en fut pas toujours ainsi chez tous. L'Apôtre a inspiré au tempérament bouillant de s. Jérôme des lignes outrancières dans son commentaire de la première épître aux Corinthiens, où s. Paul compare les mérites respectifs du mariage et de la virginité. Il y met en évidence la liberté que la virginité donne à la femme pour qu'elle puisse mieux se consacrer aux choses spirituelles. Or, voici ce que s. Jérôme écrivit à Helvidius d'une plume aussi acérée que colorée:

> Qu'as-tu à aboyer et à protester? C'est le vase d'élection qui parle ainsi: la femme est distincte de la vierge. *Vois quel est le bonheur de celle qui a perdu le nom de son sexe. La vierge n'est plus appelée femme...* Penses-tu que l'on puisse mettre sur le même rang celle qui se livre jour et nuit à la prière et au jeûne, et celle qui, à l'arrivée de son mari, compose son visage, ennoblit sa démarche, et donne de fausses caresses. (on se demande pourquoi la femme mariée est automatiquement soupçonnée de duplicité.) La première veut apparaître flétrie et détruit sa beauté naturelle. Celle-ci, au contraire, se peint devant son miroir et elle fait injure au Créateur en voulant paraître plus belle qu'elle ne l'est naturellement...

S. Jérôme avait évidemment reçu d'excellents cours de rhétorique: nous retrouvons chez lui tous les clichés charriés par la tradition oratoire sur le sujet. Son éloquence redouble encore lorsqu'il s'agit de décrire la vie malheureuse à laquelle s'expose une femme qui se marie.

> Et voici que les bébés se mettent à crier, que les domestiques font du vacarme, que les enfants se suspendent à son cou pour se faire embrasser. Il faut faire le compte des dépenses et préparer de nouveaux frais. Pendant ce temps, les cuisiniers préparent les viandes, les tisseuses de toile bavardent et voici qu'on annonce l'arrivée du maître de maison, accompagné de ses amis: le lit est-il bien dressé? Le carrelage est-il balayé? Les coupes sont-elles ornées? Le repas est-il prêt? Réponds-moi, je te prie, dans tout ce tracas, où est la pensée de Dieu? Et crois-tu que cette maison est heureuse? Et où est donc la crainte de Dieu alors que les tambourins... les cymbales... les victimes offertes à la volupté... Malheureuse

> épouse: si elle se réjouit, elle donne la mort à son âme; si elle s'indigne, c'est le mari qui s'emporte et voilà la discorde et le germe de la séparation. Peut-être trouvera-t-on une maison, mais ce serait une merveille, où l'on ne se livre pas à ces excès. Et pourtant l'administration même de la maison, l'éducation des enfants, les obligations envers le mari, la discipline à maintenir envers les serviteurs, combien tout cela éloigne de la pensée de Dieu.[163]

Nous avons tenu à citer ce long passage pour montrer à quel degré l'éloquence des Pères de l'Église pouvait monter, lorsqu'il s'agissait de dénigrer le mariage et les femmes. Il nous permet aussi de constater comment, dès les premiers siècles de l'Église, la pensée de s. Paul a pu être comprise dans son sens le plus étroit et comment cette optique a pu être appliquée à une société pourtant bien différente de celle pour laquelle s. Paul avait parlé. S. Jérôme brosse de la vie maritale un sombre tableau qui a cependant le mérite d'être très vivant et plein de renseignements sur la manière de vivre de son temps. L'on constate en outre que, à l'instar de bien des auteurs de son époque, il ne peut concevoir le mariage comme une grande institution. Il ne tient pas compte de l'amour des époux qui s'épaulent dans les chemins de la vie et dans la recherche commune de Dieu. Sans doute l'état d'esprit de l'époque ne devait-il pas favoriser ce genre de rapports entre les époux. La Rome ancienne avait pourtant mis à l'honneur une conception du mariage destiné à l'épanouissement mutuel des époux, mais sous l'influence de différents courants, elle s'était perdue. Et s. Paul avait aussi recommandé aux maris d'aimer leurs femmes, non seulement «comme le Christ a aimé son Église»,[164] mais encore «comme leur propre corps. En aimant sa femme, c'est soi-même qu'on aime. Jamais personne n'a haï sa propre chair.» Quant à la femme, elle devait à son mari respect et soumission.[165] Pour s. Paul, l'égalité entre les époux n'est pas exactement celle que nous concevons aujourd'hui: il innove

---
163. S. JÉRÔME, *Ad Helv.*, XX.
164. *Éph.* 22-23.
165. *Éph.* 22-24, 33; *Col.* 3,18.

cependant pour son temps en faisant de l'amour le premier devoir du mari pour sa femme. L'homme reste à ses yeux le chef de la famille et il justifie sa position en rappelant l'histoire de la création où l'on voit la femme tirée de l'homme.[166] Selon lui, la soumission de la femme s'expliquerait par le rôle qu'elle a pu jouer lors de la chute: Ève s'est laissé séduire et a entraîné Adam; elle doit donc expier sa faiblesse par sa subordination. Sans doute cette interprétation du récit était-elle tributaire des conceptions pessimistes et empreintes de dualisme dont était imprégné le rabbinisme. Ses adeptes n'y voyaient pas une source d'espoir pour l'humanité, mais plutôt la confirmation de leur angoisse et de leur culpabilité devant la chair.

La première épître de s. Pierre contient des idées plus proches de celles de s. Jérôme, mais le ton en est cependant beaucoup plus serein et plus objectif. Il y est encore question de soumission de la femme à son mari. Les Pères de l'Église ont à leur tour très habilement exploité cet aspect du mariage, devenu inhabituel pour les Romains, dans le but de les dégoûter de s'y engager. La virginité leur permettait, disaient-ils, de rester libres du joug du mariage. S. Pierre définit clairement le rôle que les femmes ont pu jouer par la suite dans les premiers siècles du christianisme. On leur avait enjoint de se taire; elles prêchèrent donc par l'exemple à leur mari, enfants et domestiques, le message du Christ: elles n'oubliaient pas avoir été les premières à croire à la Résurrection.

> Vous, femmes, soyez soumises à vos maris, afin que, s'il en est qui n'obéissent pas à la prédication, ils soient gagnés, sans la prédication, par la conduite de leurs femmes, rien qu'en voyant votre vie chaste et pleine de respect. Que votre parure ne soit pas celle du dehors, faite de cheveux tressés, de cercles d'or et de toilettes bien ajustées, mais à l'intérieur de votre coeur dans l'incorruptibilité d'une âme douce et calme: voilà qui est précieux devant Dieu. C'est ainsi qu'autrefois les saintes femmes qui espéraient en Dieu se paraient, soumises à leurs maris... Vous pareillement, les maris, menez la vie

---

166. *1 Cor.* 9, 7-9.

> commune avec compréhension, comme auprès d'un être plus fragile, la femme; accordez-lui sa part d'honneur, comme cohéritière de la grâce de la vie.[167]

L'on constate une fois encore que les proclamations de l'égalité de l'homme et de la femme restent assez mitigées; elles alternent, s'enchevêtrent et sont vite contredites par des énoncés où l'on perçoit toujours nettement que le sentiment de supériorité masculine demeure vivace.

Dans ce passage, il semble que s. Pierre confie à la femme une mission différente de celle que lui assignait s. Paul. Les femmes seraient, à son avis, le canal par lequel passerait le message du Christ pour parvenir jusqu'à leurs maris; quant à s. Paul, il voyait en l'homme le médiateur entre le Christ et la femme.

Évidemment, il faut d'abord tâcher de saisir l'esprit de ces enseignements plutôt que de s'en tenir à la lettre. Ces rôles, attribués à la femme ou à l'homme, ne seraient-ils pas plutôt l'image de ceux que jouent, dans chaque être humain, la raison et l'intuition? La seconde doit être subordonnée à la première pour permettre à l'élan initial donné par l'intuition d'être mûri par les facultés raisonnantes. Les découvertes de la psychologie nous apprennent que des éléments dits féminins et masculins cohabitent en chaque être humain. L'on trouvera, dans le texte qui suit, des éléments philosophiques qui pourraient servir à la réconciliation de ces deux pôles.

> C'est encore une source d'erreur que de parler d'une complémentarité des sexes, car l'homme n'est pas pour la femme (ni la femme pour l'homme) un simple complément qui viendrait combler un manque de telle sorte que l'autre ne servirait qu'à l'accomplissement du moi propre... On doit en réalité comprendre de la façon suivante le commencement du rapport entre l'homme et la femme: étant originellement l'un pour l'autre, ils se heurtent et expérimentent leur étrangeté et leur dissemblance, mais chacun acceptant l'autre dans son être personnel, ils font surgir une histoire, l'histoire de deux

---

167. *1 Ép. Pierre*, 3, 1-7.

> êtres responsables l'un de l'autre... C'est dans ce dialogue, qui fait éclater toutes les catégories de la complémentarité ou de l'adaptation réciproque, que s'instaure entre l'homme et la femme un processus de réponses à l'intérieur duquel chacun est responsable de l'autre... L'être humain se fait face à lui-même, comme homme et comme femme.

> ... Il y a une réalité ontologique qui embrasse l'homme et la femme — réalité créée et non pas à créer, réalité telle que chacun est donné à soi comme responsable de l'autre, exposé au refus et à l'obscurcissement d'un destin qu'ils ont eu en commun... Cette réflexion sur l'homme et sur la femme, qui rejoint l'enseignement de la Bible sur l'être humain à la fois homme et femme, signifie que l'ontologie ne peut se refermer ni se fonder sur elle-même.[168]

Si s. Paul avait pu être compris par les Pères de cette manière, sans doute aurait-on trouvé moins d'obstacles insurmontables à une participation plus entière et plus active de la femme dans l'Église dès sa fondation et particulièrement dans le contexte socio-culturel romain. Chaque homme a en lui une potentialité féminine dont il faut qu'il soit conscient et qu'il doit accepter pour être une personne parfaitement équilibrée. Les Pères de l'Église garderont l'excuse qu'ils ne purent comprendre et interpréter s. Paul qu'à la seule lumière de l'état des connaissances de leur époque, ainsi qu'avec la mentalité de leur temps. L'Apôtre a tenté, croyons-nous, de témoigner de l'égalité de l'homme et de la femme dans le dessein de Dieu ainsi que de la grandeur du mariage. Il reflétait, cependant, la mentalité de son temps et les Pères de l'Église l'ont interprété à la lettre. Ils ont véhiculé ses idées dans une société peut-être exempte des tabous rabbiniques, mais non pour autant dégagée du mépris de la femme et de l'angoisse devant les manifestations de sa nature.

---

168. P.M. SOULLARD, O.P., «Le Statut de la femme dans l'Église», *Lumière et Vie*, pp. 53-64.

2. Essai d'éclaircissement sur les préventions des auteurs chrétiens contre les femmes

Le christianisme s'est implanté à Rome à une époque où les mœurs laissaient fort à désirer et la morale nouvelle qu'il apportait ne pouvait qu'être en réaction contre les abus de la sexualité. L'on sait que, pour les femmes, l'oppression masculine est avant tout une oppression sexuelle. La vocation de virginité qui leur était désormais présentée était le moyen le plus radical d'y échapper. C'était l'antithèse de la condition qui leur était communément imposée. L'on peut regretter que le christianisme n'ait pas tenté d'établir un heureux équilibre contre cette oppression et cette émancipation dans le mariage chrétien. L'on sent bien, chez certains Pères de l'Église, une quelconque intuition de ce que pourrait être une sexualité vécue harmonieusement dans le christianisme. Malheureusement, la femme, considérée comme un être faible, va servir de bouc émissaire dans la lutte acharnée qu'ils vont tenter de mener à la fois contre leurs propres instincts et contre l'athéisme de leur temps. Il n'est pas possible de dissocier les idées des Pères de l'Église sur le mariage de celles qu'ils prêchaient sur la virginité. Il semble bien que la civilisation du temps ait imprégné la sexualité d'un tel relent d'impureté qu'il était plus aisé pour les chrétiens de renoncer totalement à l'exercer que de livrer un combat quotidien contre les excès où elle pouvait mener, combat dont s. Augustin assure qu'on en sort toujours vaincu. Il ne faisait pas allusion seulement à sa propre expérience, mais aussi à celle de tous ceux qui l'entouraient. Il y eut dès lors deux voies pour résister aux tentations que la femme incarnait à leurs yeux. Ce fut soit de la situer très haut, dans la sphère d'une pureté virginale inaccessible aux appétits terrestres, soit, alors, de la mépriser en tant que vile tentatrice, dans l'espoir de conjurer de cette manière ses attraits.

En optant pour cette seconde alternative, on oubliait malheureusement que l'homme comme la femme avaient été créés à l'image de Dieu et que le Christ était venu les appeler l'un et l'autre au Royaume de son Père. L'esprit de l'Évangile ne pénétrait que très lentement dans le monde et les mentalités ne se transformèrent que très progressivement. À Rome, les institutions juridiques et administratives ne furent pas transformées du jour au lendemain par le ferment chrétien. Celles-ci laissaient à la femme une participation assez restreinte; par contre, le mariage était basé sur le principe de l'égalité de l'homme et de la femme.

À partir du Bas-Empire, l'on peut sentir l'influence que l'androcentrisme sémite a pu exercer sur la juridiction du mariage à Rome, et cela, au détriment des femmes. La participation féminine au culte romain était indéniable, mais elle ne lui fut jamais reconnue dans le christianisme. L'Église utilisa la femme dans des missions de charité et de service, mais elle ne l'associa jamais à sa hiérarchie. Le christianisme n'a pas su innover dans ce domaine. Et pourquoi en fut-il ainsi? La sexualité, pour l'homme comme pour la femme, ne peut être sublimée; elle imprègne non seulement la condition physiologique, mais aussi la spiritualité chez des esprits incarnés. À cette chair, dont s. Paul aurait tant voulu être délivré, se rattache l'idée de péché. Or, «le sentiment de péché est commun à toute l'humanité et c'est à des phénomènes de la mort et de la génération qu'il apparaît d'ordinaire lié avec le plus de violence mais toujours après l'acte».[169] Cette constatation est faite par un sociologue contemporain, mais Aristote décrivait le même phénomène à sa façon:

> Pourquoi les jeunes gens qui commencent à faire l'amour pour la première fois, prennent-ils en dégoût, après l'acte, les femmes avec lesquelles ils ont eu rapport? N'est-ce pas parce que cet acte a causé en eux un changement considérable? Et alors, se souvenant du malaise qui a suivi l'acte, ils fuient la femme qu'ils ont connue, comme si elle en était la cause.[170]

Il me semble indispensable de traiter de cette question ici car elle est capitale pour la compréhension des théories des

---

169. A.E. JENSEN, *Mythes et cultures chez les peuples primitifs*, p. 23.
170. ARISTOTE, *Les Problèmes*, IV, 11.

Pères de l'Église sur le mariage. Je citerai, à titre d'exemple, un passage bien significatif de s. Jérôme, tiré d'une lettre écrite à Furia pour qu'elle reste veuve:

> *Tous les autres péchés sont extérieurs à l'homme*: l'on rejette facilement ce qui est au dehors, seul *le désir charnel, implanté par Dieu* en vue de la création des enfants, s'il excède ses justes bornes, déborde et devient un vice, qui en vertu d'une loi naturelle, brûle de faire corruption dans l'accomplissement. Il faut une haute vertu et une application scrupuleuse pour surmonter cet instinct, pour ne pas vivre charnellement, bien qu'on soit né dans la chair, pour combattre tous les jours contre soi-même *cet ennemi qui est enfermé en soi*, l'épier avec les cent yeux que la fable prête à Argus. C'est là ce que l'Apôtre nous exposait en d'autres termes: *tout péché que commettra l'homme est en dehors de son corps; mais celui qui commet la fornication pèche contre son corps même.*[171]

S. Jérôme est évidemment très conscient des dangers de la sexualité, dangers d'autant plus grands qu'elle est inséparable de la condition humaine. L'impulsion sexuelle a toujours été une source de conflits pour l'humanité. Très vite, semble-t-il, la société l'a assujettie à des mécanismes de contrôle pour qu'elle ne puisse pas s'exercer au hasard. Elle fut soumise aux sanctions de la loi, à la pression de l'opinion publique, à des sanctions religieuses, forces morales destinées à doubler les instincts d'un modérateur.

> C'est dans le mariage que l'humanité tentera de canaliser la vie sexuelle. Les coutumes, les lois, les règles morales, les rituels, les valeurs religieuses vont intervenir pour réglementer les différentes phases de la vie amicale, amoureuse, conjugale et familiale. La société ainsi organisée va pouvoir subordonner les penchants sexuels des hommes et des femmes à des considérations économiques et sociales et à des idées religieuses.[172]

---

171. S. JÉRÔME, *Lettres*, IV, 9.
172. B. MALINOWSKI, *La Sexualité et sa répression dans les sociétés primitives*, Paris, 1967, p. 193.

Toutes ces réglementations n'ont pas réussi cependant à faire disparaître les tabous entourant la sexualité et la femme. Ils auraient donc une origine bien plus profonde encore. Pourquoi tant d'angoisse et de crainte devant le sexe féminin et les manifestations de la sexualité, phénomène bien humain?

> Ce n'est pas l'acte sexuel, en lui-même, qui est considéré comme une impureté, mais plutôt le contact avec la femme, créature impure ou moins pure que l'homme, par ses accidents physiologiques et par sa situation sociale moins «essentielle» et moins typiquement conforme à la condition humaine telle que la conçoivent les hommes.[173]

Les tabous sur les femmes tiendraient donc en grande partie leur origine dans les appréhensions de l'homme devant les manifestations insolites de leur nature biologique. Ils se rattacheraient aussi à l'angoisse de l'homme devant le sang, symbole par excellence de la vie. Quant à l'acte sexuel, on a pu observer qu'il ne provoquait pas de réactions d'inquiétude dans l'inconscient, tant qu'il était accompli selon les règles en vigueur dans une société. J. Cazeneuve reconnaît que, dans le cas des femmes, il est malaisé de distinguer parmi les tabous qui la concernent «ce qui tient à l'impureté du sang et ce qui dérive de sa situation sociale en marge». La femme serait considérée non pas comme un être autonome et essentiel au monde masculin, mais bien plutôt comme une paria ou encore un bouc émissaire de l'angoisse de l'homme. Son infériorité face à l'homme aurait, selon certains, une origine sociale. Pour les structuralistes, il s'agirait même d'une structure de la vie semblable à celle de la matière. En d'autres termes, ils ne reconnaissent pas l'influence des événements historiques ou sociologiques, ni celle que la psyché profonde peut avoir sur l'antagonisme des sens. Celui-ci va malheureusement aboutir, sur le plan social comme sur le plan religieux, à deux modes d'être, de vivre, de penser très différents, et il est même à la base de deux types de sacralité. N'oublions pas qu'à Rome, certains cultes étaient réservés

---

173. J. CAZENEUVE, *Les Rites et la condition humaine*, Paris, 1958, p. 95.

uniquement aux femmes, d'autres aux hommes. Le christianisme a-t-il réellement voulu dépasser ce stade? Historiquement peut-être, si l'on se souvient de l'appel de s. Paul. Il n'y est en tout cas parvenu que très partiellement. Quoi qu'il en soit, il serait vain, selon Mircea Eliade, de chercher à expliquer la tension religieuse existant entre les deux sexes, uniquement en termes de psychologie, voire de physiologie:

> Il y a certes deux modes spécifiques d'exister, mais il y a aussi la jalousie et le désir inconscient de chaque sexe de pénétrer les mystères de l'autre et de supprimer ses «pouvoirs». Sur le plan religieux, la solution de l'antagonisme sexuel n'implique pas toujours la répétition d'un hierogamos; dans nombre de cas, on s'efforce de transcender l'antagonisme par une androginisation rituelle.[174]

Il semble bien que c'est encore ce phénomène que l'on retrouve dans le christianisme lui-même. Comment, d'ailleurs, aurait-il pu en être autrement dans le milieu où il est né, à moins de susciter une véritable révolution sociale. À Rome, si la situation était quelque peu différente, puisque les femmes participaient largement à la vie de la cité et au culte, il existait cependant chez les hommes une nostalgie très forte de la période historique où elles avaient un rôle plus effacé et plus passif, alors que tout leur éclat tenait exclusivement aux trois vertus de fécondité, de pureté, de maîtrise de soi. Les Pères vont faire très largement et hautement écho à la crainte éprouvée par les Romains devant les manifestations de l'émancipation féminine. Nous trouverons chez eux d'autres aspects des motifs qui poussent les hommes à dénigrer les femmes et à se méfier de leur influence.

> L'attitude dépréciative que bien des hommes adoptent envers les femmes témoigne d'une tentative inconsciente de dominer une situation qu'ils sentent à leur désavantage. Ils cherchent également à prévenir le pouvoir redouté de la femme en la poussant à adopter envers eux une attitude maternelle.[175]

---

174. MIRCEA ELIADE, *La Nostalgie des origines*, Paris, 1972, p. 262.
175. E. HARDING, *Les Mystères de la femme dans les temps anciens et modernes*, p. 45.

Le christianisme mit à l'honneur des vertus dites «féminines» de douceur, de patience, d'amour des autres, de générosité du pardon, de soumission à la volonté divine. On sait combien les femmes répondaient avec enthousiasme à cet idéal, moins nouveau pour elles que pour les hommes. De là, sans doute, une nouvelle source d'agressivité pour les hommes incapables de se départir de leur volonté de puissance. On se souviendra de s. Jérôme qui reconnaissait bien malgré lui qu'il devait se rabattre sur un auditoire essentiellement féminin, parce que les hommes n'étaient guère réceptifs à sa prédication.

Avec le christianisme, nous allons assister, en Occident, à une revalorisation de la femme comme mère.[176] C'est la maternité qui justifie le mariage et qui en est le premier but. Ceci n'était pourtant pas le message des Évangiles. Le culte de Marie, mère de Dieu, doit servir de modèle à toutes les femmes. L'image de la mère est plus rassurante que celle de la compagne puisque, dans ce dernier cas, l'idée d'égalité pourrait être sous-entendue. L'homme craint les forces érotiques et les croit, à tort, incarnées par la femme. La notion d'Éros est fort ambivalente, car elle comporte aussi bien les forces positives de l'amour que les éléments négatifs de la haine. Il y a évidemment une origine psychologique à cette ambiguïté de sentiments. Ceux-ci ne naissent pas nécessairement d'expériences malheureuses que les hommes auraient pu avoir avec une ou des femmes, mais bien plutôt parce qu'ils n'ont pas accepté les éléments féminins de leur propre «moi». E. Harding propose à ce sujet une interprétation capitale:

> Ce conflit extérieur entre les hommes et les femmes n'est cependant qu'une image du conflit subjectif, plus significatif encore, qui existe au fond de chaque individu bien que, peut-être, il n'en ait pas conscience. Car aucun individu n'est entièrement mâle ou entièrement femelle. Chacun d'eux est fait d'un composé de deux éléments qui sont bien souvent en

---

176. S. AUGUSTIN, *De nuptiis et concup.*, 1, 13; *De bono coniug.*, 6; *De adult. conjug.*, II, 12; *Sermo* S1 ch. 13 et 15.

conflit constant dans la psyché. Tant que cet aspect personnel du problème n'aura pas été résolu, l'individu, homme ou femme, ne sera pas capable de trouver une solution aux difficultés extérieures qu'il a avec son entourage car il projettera inévitablement la partie la moins consciente, la moins disciplinée de sa propre psyché sur son partenaire. L'homme, par exemple, trouvera dans ses relations avec sa femme ses propres éléments féminins non contrôlés et verra ce qu'elle est et tout ce qu'elle fait à travers sa propre anima, trouble et ignorée...

Tant qu'il n'y parviendra pas et qu'il ne tiendra pas compte de «l'autre côté» de lui-même, il ne pourra pas avoir des rapports vrais et authentiques avec une femme. Mais s'il s'y applique, il lui faudra affronter un conflit intérieur, ce qui risque de lui paraître une expérience pénible. Cependant, il ne résoudra pas ce problème en l'ignorant ou en projetant le facteur intolérable sur l'autre sexe. Si l'homme désire être complet, il doit faire résolument face à ses manques. Il ne résoudra son conflit intérieur que lorsqu'il se sera mis en accord avec les deux aspects de lui-même et se sera réconcilié avec ces forces dominantes de sa psyché, les principes masculin et féminin qui font partie de la nature même de chaque individu.[177]

À la lumière de ces notions de psychologie, nous tenterons de mieux comprendre pourquoi les Pères de l'Église et certains auteurs profanes n'ont pas toujours témoigné d'une attitude objective envers les femmes. Cette explication psychologique n'exclut pas, évidemment, celle qui tient à la mentalité du temps, mais elle tente de trouver l'origine profonde de ce manque d'objectivité. Dans le mariage, la partenaire de l'homme est évidemment la femme: la méfiance instinctive qu'il éprouve envers elle explique, pour une part, l'attitude des Pères envers le mariage. L'enseignement, malheureusement encore trop paradoxal, de s. Paul prêtait à de multiples interprétations qui ne furent pas toujours favorables aux femmes ni au mariage.

---

[177]. E. HARDING, *Les Mystères de la femme dans les temps anciens et modernes*, p. 45.

3. Les Pères de l'Église et le mariage

Les Pères ont repris l'enseignement du Christ et de s. Paul pour répondre aux questions pratiques ou d'ordre moral que posaient les fidèles à propos du mariage et sur les devoirs des épouses. Le mariage était-il indissoluble? Quel était son but? Enfin, était-il un état inférieur à celui de la virginité?

Le mariage connaissait un grand discrédit à cette époque, attribuable à deux sortes d'excès, mais de sens opposé. Le monde païen s'était livré au dévergondage dans la vie sexuelle. L'infidélité, le divorce et la pédérastie étaient des phénomènes courants. Le luxe, les jeux, les loisirs, l'oisiveté, la promiscuité des thermes ne favorisaient pas la vertu, ni chez les hommes ni chez les femmes. Les canons disciplinaires du Concile d'Elvire (en 306) sont une bonne source de renseignements sur les habitudes des fidèles de cette période. Il y est notamment question de bigamie, d'adultère, d'avortement.

Parallèlement, les adeptes des sectes gnostiques, qui se croyaient au-dessus des tentations charnelles, amorcèrent un mouvement d'ascétisme excessif. Comme ils n'arrivaient pas à mettre en pratique un idéal trop désincarné, ils ont abouti à un niveau de débauche, dont la profondeur correspondait à leur exaltation. Les tendances rigoristes, issues de la philosophie platonicienne et des courants judéo-chrétiens, feront courir au christianisme naissant des dangers similaires et aussi graves que ceux engendrés par la luxure païenne. Les Pères auront à combattre sur deux fronts: d'un côté, les erreurs laxistes, et de l'autre, un ascétisme mal compris.

Il était devenu difficile pour le commun des fidèles de choisir la voie la meilleure pour atteindre le salut. On tenta, pour rassurer les esprits troublés par les hérésies, de donner des points de repère. Pour simplifier les choses, on hiérarchisa les modes de vie: virginité, veuvage, mariage unique, secondes noces (troisièmes ou quatrièmes) et, enfin, divorce.

La virginité tenait la première place, car elle anticipait sur l'état parfait prêté aux Anges et décrit comme celui des ressuscités après le jugement dernier. Le veuvage était considéré comme une virginité retrouvée, lorsqu'il était mis au service de Dieu. Le mariage était généralement considéré comme un état moins parfait, parce qu'une voie plus désincarnée était désormais offerte aux âmes.

Le christianisme ne semble pas malheureusement avoir beaucoup insisté à ses débuts sur le rôle que l'amour pourrait jouer dans la vie conjugale. La valorisation de ce sentiment dans la vie maritale ne s'est faite que très progressivement. Engels faisait remarquer que:

> Dans toute l'Antiquité, les mariages sont conclus par les parents pour les intéressés et ceux-ci s'en accommodent tranquillement. Le peu d'amour conjugal qu'ait connu le monde antique n'est pas une inclination subjective, mais un devoir objectif, non la cause mais le corrélatif du mariage.[178]

L'importance accordée à l'amour apparaît à Rome en même temps qu'une certaine libéralisation de la condition féminine. La philosophie grecque, par contre, ne valorisait guère l'amour humain dans lequel elle ne voyait qu'un pis-aller. Les Pères furent très fortement marqués par cette manière de voir. Plotin, par exemple, qui n'était pourtant pas antiféministe, estimait qu'il y avait dans l'âme, bien avant l'amour, une attraction pour la beauté. L'amour naissait d'une commune conception de la beauté que l'on aspirait à reproduire.

> Ceux qui sont portés à engendrer ici-bas, se contentent de la beauté d'ici-bas, c'est-à-dire de celle qui se trouve dans les images et dans les corps; ils ne possèdent pas cette beauté-archétype qui est pourtant la cause de leur amour pour les choses d'ici-bas... Tant qu'ils restent tempérants, leur attachement à la beauté d'ici-bas n'est pas une faute, mais dès qu'ils se dégradent dans le plaisir sexuel, il y a faute.[179]

---

178. ENGELS, *Origine de la famille*, Éd. sociales, Paris, p. 74.
179. PLOTIN, *Ennéades*, III, 5.

À son avis, l'âme vraiment éprise de la beauté s'en contente, car elle est alors apparentée à l'éternité. Mais cela n'est pas accessible à tout le monde et il existe donc des voies moins parfaites.

> Les autres éprouvent un amour auquel se mélange le désir de la femme, afin de s'assurer la perpétuité de l'espèce; s'ils ne s'écartent pas de ce but, ils sont tempérants comme les premiers (ceux qui se contentent de la contemplation du beau), mais les premiers leur sont supérieurs.[180]

Des idées comme celles-ci ont évidemment très fortement influencé les Pères de l'Église, d'autant plus qu'elles étaient très proches de la distinction que faisait s. Paul entre l'état parfait de la virginité et celui moins parfait du mariage.

Certains Pères se sont malheureusement livrés à des exagérations, dont témoignent leurs écrits, poussés sans doute par leur souci de défendre la cause qui leur semblait la meilleure et aveuglés par leur désir d'encourager et d'épauler les fidèles qui avaient choisi la voie difficile. Mais pourquoi ont-ils si peu soutenu ceux qui avaient sincèrement opté pour le mariage? Y avait-il de leur part des réticences personnelles pour cet état? Grégoire de Naziance et Jean Chrysostome étaient célibataires. Grégoire de Nysse avait été marié. Après la mort de sa femme, il écrivit un éloge de la virginité, dans lequel on trouve malheureusement des passages fort réalistes, destinés à dégoûter les jeunes filles des «soi-disant» joies du mariage. «Et si tu veux apprendre les embarras de la vie commune, entends les propos des femmes qui l'ont connue par expérience, comment elles proclament bienheureuse la vie de celles qui d'emblée ont choisi de vivre la virginité.»[181] Tertullien était marié: son adhésion au montanisme l'engagea dans des diatribes fort injustes envers le mariage. Son traité *Ad uxorem* contient pourtant de très beaux passages, pleins de délicatesse sur cette institution.

---

180. *Ibid.*
181. GRÉGOIRE DE NYSSE, *Traité de la virginité*, III, 8, 8-25.

Trop souvent, les Pères se sont laissé emporter par la rhétorique et entraîner par le plaisir de manier les figures de style jusqu'au ridicule. Les lecteurs ou les auditeurs de leur époque étaient sans doute plus familiers à ce genre de débordements littéraires et faisaient probablement mieux que nous la part des choses.

Les écrits de s. Jérôme et de s. Augustin furent marqués par les remords qu'ils éprouvaient à cause des expériences sensuelles de leur jeunesse. S. Jérôme, le plus passionné des deux, ne put jamais acquérir un ton détaché pour ces questions et ne fit guère preuve d'objectivité. S. Augustin a développé une pensée beaucoup plus positive et a contribué très largement à la première élaboration d'une théologie du mariage.

La vie dissolue de l'époque et les expériences de certains Pères expliquent probablement le fait que nous retrouvons tant de descriptions de femmes coquettes et légères dont il faut se méfier comme du diable lui-même.

Pour s. Ambroise, le mariage se justifiait par la procréation pour autant que les époux n'omettent pas de «spiritualiser» cet acte. À l'instar de Plutarque ou de Musonius Rufus, il conseillait aux fidèles d'user du mariage avec modération: ils réaliseraient ainsi l'idéal de la $\sigma\omega\varphi\rho\sigma\sigma\acute{\upsilon}\nu\eta$ (la modération) chrétienne et pourraient faire une oeuvre d'entraide affectueuse.

a) Opinions de quelques Pères grecs

Tous les Pères n'ont pas eu que mépris pour le mariage. Laissons en témoigner un très beau texte de Grégoire de Naziance, dont on connaît déjà la délicatesse de sentiments. Il doit peut-être son estime pour cette institution à l'harmonie qu'il a vue dans le ménage de ses parents. «Ils étaient supérieurs à tous les autres, mais ils ne s'écrasaient pas réciproquement tant il y avait entre eux d'égalité.»[182] Pour cet auteur, le

---

182. GRÉGOIRE DE NAZIANCE, *Discours*, 18, 7.

mariage ne semble pas du tout créer d'obstacles pour ceux qui cherchent Dieu. L'union charnelle entre les époux, vécue avec modération, serait plutôt une source de vertus:

> Ceux pour qui sont chers et les noces et les liens de la vie (*nous disent*): nous suivons la loi établie par le Fils du Père éternel.
> Lorsqu'il unit le premier Adam à la femme tirée de son côté
> Pour que l'homme naquît de l'homme comme son fruit, et, à travers les générations,
> Bien que mortel, demeurât dans sa descendance, comme le grain dans l'épi;
> En accomplissant cette loi et l'union d'amour nous nous aidons mutuellement et nés de la terre, nous suivons la loi primitive de la terre qui est aussi loi de Dieu.
> ... Vois donc ce qu'apportent aux hommes les noces prudentes...
> ... qui donc a ainsi réuni en un ce qui était séparé sinon les noces? Mais il y a mieux encore:
> Nous sommes la main, l'oreille, le pied l'un de l'autre
> Par le bienfait des noces qui doublent notre force,
> Réjouissent nos amis, désolent nos ennemis,
> Un souci partagé adoucit les épreuves,
> Des joies communes en sont plus douces
> Et l'accord rend plus précieuses les richesses...
> Le mariage est la clé de la modération des désirs,
> Le sceau d'une amitié infrangible...
> Ceux qui s'unissent dans la chair ne font qu'une âme
> Et ils aiguisent un semblable aiguillon de leur piété par leur mutuel amour.
> Car le mariage n'éloigne pas de Dieu
> Mais il en rapproche d'autant plus que c'est Dieu même qui nous y pousse.[183]

Cet éloge du mariage s'insère dans un grand poème à la louange de la virginité, ce qui lui donne d'autant plus de prix. Grégoire de Naziance a donc pu être objectif au point de ne pas oublier les aspects positifs du mariage, tout en reconnaissant les mérites de la virginité.

---

183. GRÉGOIRE DE NAZIANCE, *De la vertu*, v. 490 *sqq.*

L'amour mutuel des époux leur permet non seulement de continuer l'oeuvre de la création sur la terre, mais surtout de préparer leur salut, puisqu'ils pourront s'épauler dans la recherche de la perfection. Les sentiments qui unissent les époux sont faits d'amitié et d'amour: il s'agit donc de relations vraiment personnelles entre eux.

Chez Clément d'Alexandrie, nous ne trouvons malheureusement pas la même modération de jugement sur le mariage. Comme tous les apologistes, il eut à défendre les chrétiens contre la réputation d'immoralité qu'on leur faisait. Il lutta aussi contre les deux aberrations en matière sexuelle qui l'une et l'autre se réclamaient, chez les gnostiques, de l'enseignement du Christ: débauche ou continence trop rigoureuse. À ceux qui voyaient dans le mariage une cause de souillure, il répondait qu'ils étaient souillés eux-mêmes puisqu'ils devaient la vie à l'union charnelle.[184] Dieu lui-même, faisait-il remarquer, a institué le mariage et si la loi est sainte, le mariage doit l'être aussi.[185]

On ne trouvera pas encore chez Clément d'Alexandrie une doctrine complète et bien structurée du mariage; il se contente de répondre aux questions des fidèles d'Alexandrie.[186] Il voyait dans la procréation la fin première du mariage. Il reprenait cette idée au stoïcisme, comme le firent Minucius Felix[187] ou Tertullien.[188] Pratique, il estimait que le mariage était une bonne chose car, en cas de maladie, les soins dévoués d'une épouse étaient irremplaçables![189] Il attribuait cependant une origine divine au mariage et allait jusqu'à considérer que s. Paul lui-même était marié.[190] Si, par le mariage, les époux col-

---

184. CLÉMENT D'ALEXANDRIE, *Strom.*, III, 46, 5.
185. *Ibid.*, III, 84, 2.
186. J.P. BROUDÉHOUX, *Mariage et famille chez Clément d'Alexandrie*, Paris, 1970 p. 74.
187. *Oct.*, 31, 5.
188. *Ad uxor*, I, 2; *Adv. Marc.*, I, 20, 2.
189. *Strom.*, III, 68, 1 et III, 58, 1.
190. *Pedag.*, I, 10, 3.

laboraient à l'oeuvre divine, cette institution restait cependant, à son avis, provisoire et contingente à notre nature humaine.

Paradoxalement, ce n'est qu'ici-bas que le sexe féminin est distingué du sexe masculin.[191] Cette distinction serait due à la concupiscence, $\dot{\epsilon}\pi\iota\theta\upsilon\mu\iota\alpha$, cette dernière disparaissant dans l'autre monde, la femme devient alors réellement la soeur. Elle a alors perdu «cette chair qui, par des particularités de conformation, amène une différence et une distinction de la connaissance des réalités spirituelles».[192] Il est curieux de constater un tel déterminisme matérialiste dans la pensée de Clément d'Alexandrie. La sexualité, avons-nous déjà dit, imprègne tout notre être, et ceci vaut pour l'homme comme pour la femme et pas uniquement pour cette dernière, comme le ferait croire certains écrits des Pères. Serait-ce donc de l'aspect extérieur d'un être que dépendraient ses facultés morales et spirituelles? Il ne faut pas dissocier les facultés morales et spirituelles de l'aspect physique de la personne humaine, car ils forment ensemble sa réalité substantielle; la formation philosophique du Père ne lui avait peut-être pas fait prendre conscience de cet aspect ontologique.

Clément ajoute: «En effet, envisagées en elles-mêmes, les âmes sont des âmes au même titre, elles ne sont ni l'une ni l'autre ni masculines ni féminines, lorsqu'elles ne s'épousent plus et ne sont plus épousées.»[193] Le Père imaginait l'âme neutre; d'autres[194] que lui croyaient qu'une fois désincarnée, l'âme de la femme devenait masculine et acquérait ainsi un statut supérieur. Jamais ils n'ont imaginé que dans l'au-delà, on pourrait enfin connaître l'harmonie parfaite du féminin et du masculin enfin réconciliés.

Clément d'Alexandrie avait, dans le domaine de la morale sexuelle, des idées modérées. Celle-ci ne relevait pas

---

191. *Strom.*, IV, 100, 3.
192. *Ibid.*
193. *Strom.*, IV, 100, 3.
194. ORIGÈNE, 39ᵉ *Homélie sur Luc*, 2; TERTULLIEN, *Ad uxorem*, I, 1.

seulement de l'ἐγχατεία (la chasteté), mais aussi de la grande vertu de sωγϱosύνη (la modération).[195] Ces deux vertus réglaient, chacune à un titre différent, l'activité sexuelle. À la tempérance de contrôler de manière positive l'usage des relations entre époux; à la continence de prévenir des abus sexuels et d'enlever de ce fait au mariage son côté sensuel.[196] L'activité sexuelle ne pouvait évidemment s'exercer que dans le mariage.

«C'est dans la tempérance que le lien conjugal est le plus fort, n'y respirant que des plaisirs purs.»[197] Clément d'Alexandrie craignait par-dessus tout la passion dans le mariage et prônait pour cette raison l'indifférence des stoïciens. Il tenta de montrer les inconvénients qui pourraient résulter de relations sexuelles trop fréquentes. Son estime pour le mariage ne fut cependant pas totalement altérée par la répulsion qu'il éprouvait pour ses aspects charnels. Il donna aux époux des conseils assez rigoristes, tout en croyant faire preuve de beaucoup d'objectivité. Les parties sexuelles du corps humain étaient aussi, disait-il, des membres dignes de respect et non de honte.[198]

L'on regrettera cependant que l'amour des époux tienne si peu de place dans sa conception du mariage chrétien. L'amour humain avait toujours été suspect aux yeux des philosophes grecs, qui envisageaient l'existence dans la perspective primordiale de l'ἀπάθεια (insensibilité). Ils pouvaient bien imaginer le couple, animé d'une communion de sentiments, ὁμοsωϕϱosύνη,[199] mais le mariage restait avant tout un don de soi qui se traduisait dans la procréation.

Si Clément d'Alexandrie est fort discret sur les bienfaits tant matériels que spirituels du mariage, il est, par contre, intarissable sur les activités qu'il veut attribuer aux hommes et aux femmes. Il a laissé une série de directives concernant la nourri-

---

195. *Strom.*, II, 126, 1.
196. BROUDÉHOUX, *Mariage et famille chez Clément d'Alexandrie*, p. 122.
197. *Pedag.*, II, 84, 1.
198. *Pedag.*, III, 52,2.
199. *Strom.*, II, 143, 1.

ture, les loisirs, les soins du corps et, évidemment, la toilette des femmes. Si l'on en juge par les remarques qu'il fait, il écrivait certainement pour un auditoire de personnes privilégiées de la fortune et vivant dans le luxe avec esclaves, bijoux et argenterie.

Le Père grec reconnaissait à la femme la direction du foyer; il lui recommandait fortement d'être active dans son ménage, de filer la laine, de tisser et même d'aider la cuisinière.[200] Il considérait ces activités comme excellentes pour la santé.[201] Auguste aimait porter des tuniques tissées par les femmes de sa famille. Clément d'Alexandrie estimait qu'il ne pouvait exister de plus beaux ouvrages que ceux créés à la maison.

Comme Tertullien, Clément demanda aux femmes d'être discrètes dans leur manière de se parer et de ne point défigurer l'oeuvre de Dieu par de vains artifices.[202] Il donna autant de conseils sur la coiffure des femmes que celles-ci attachaient d'importance à leur chevelure. Nous sommes étonnés par tant de détails sur la manière de les attacher, sur les causes possibles de leur chute (les tresses, par exemple). Une chrétienne ne devrait pas, à son avis, porter de perruque, car à qui irait la bénédiction lorsque le presbyte lui imposerait les mains![203] Elle se gardera bien de décolorer ses cheveux. Enfin, elle ne paraîtra en public que la tête et le visage entièrement voilés.[204] Clément se montrait donc encore plus exigeant que s. Paul qui limitait cette exigence aux assemblées religieuses. Tertullien sera du même avis que l'Apôtre.

Même si Clément d'Alexandrie avait un grand souci de perfection, il n'a jamais exigé de ses dirigés une vertu inaccessible. Il restait très imprégné de l'humanisme grec dans sa con-

---

200. *Pedag.*, III, 27, 1.
201. *Ibid.*, III, 49, 2-4.
202. *Pedag.*, III, 5, 4 et 6, 4; 66, 2; *Pedag.*, II, 104, 1; III, 62, 64 et 62, 2.
203. *Pedag.*, III, 63, 1.
204. *Pedag.*, II, 114, 3 et III, 79, 4.

ception du mariage. Le stoïcisme, particulièrement, avait vu dans le couple humain la communauté de vie la plus intime et la plus parfaite sur la terre. Le Père de l'Église ajouta à cette philosophie l'idée que le mariage était un moyen de salut, car il était une institution très sainte, même s'il considérait la virginité comme un état encore plus parfait.

Un autre Père grec, s. Jean Chrysostome, écrivit d'abord pour les fidèles d'Antioche, ville dont l'atmosphère pouvait se comparer à celle d'Alexandrie. Il vint ensuite à Byzance. Fidèle à la pensée du Portique, il estimait la femme tout à fait capable de grande vertu et de dévouement mais, par contre, plus accessible à la corruption et à des faiblesses.

Partisan de la virginité, il connaissait trop la nature humaine pour ne pas voir, dans le mariage, la manière la plus naturelle pour l'homme et la femme de faire leur salut.

> Je veux purifier le mariage pour lui rendre sa noblesse, pour fermer la bouche à l'hérésie. On a déshonoré une institution qui est un don divin, qui est la source même du genre humain... Je veux vous montrer que ce n'est pas le mariage qui doit nous faire rougir mais l'abus que vous y introduisez.[205]

Il critiqua les vestiges païens dans les cérémonies du mariage, cortèges, danses, musique, chants licencieux qui accompagnaient les nouveaux époux. Le mariage lui paraissait indissoluble, même s'il reconnaissait que cette loi était dure, particulièrement dans le siècle où il vivait. Il prônait la thèse de l'égalité absolue et inconditionnelle de l'homme et de la femme dans le mariage, et cela devait choquer très fort ses contemporains.[206] Lorsqu'il prêcha contre l'adultère, il s'adressa surtout aux hommes et ne fit aucune allusion de l'épisode évangélique de la femme adultère.

---

205. S. JEAN CHRYSOSTOME, *Ep. ad. Col.*, 12.
206. A. PUECH, *S. Jean Chrysostome et les moeurs de son temps*, Paris, 1891, p. 113.

Il estimait cependant que, dans la vie de tous les jours, le couple humain avait un rôle différent à jouer: l'homme à l'agora et la femme à la maison. Le mari qui battrait sa femme serait pire qu'un parricide, puisque Dieu lui avait ordonné de quitter père et mère pour s'unir à sa femme.

Sans doute était-ce au mari qu'il revenait de commander et à la femme d'obéir, mais il fallait beaucoup d'amour à l'homme pour remplir ce rôle. Jugeons-en nous-mêmes par un texte dans lequel on trouve une délicatesse de sentiments qui se passe d'autres commentaires.

> ... Maris, aimez vos femmes comme le Christ a aimé l'Église. Vous avez vu jusqu'où doit aller l'obéissance, écoutez maintenant jusqu'où doit aller la tendresse. Tu veux que ta femme t'obéisse, comme l'Église au Christ. Veille donc sur elle comme le Christ sur l'Église: fallût-il donner ta vie pour elle, être déchiré mille fois, tout souffrir, tout endurer, ne recule devant rien: quand tu aurais fait tout cela, tu n'aurais encore rien fait de comparable à ce qu'a fait le Christ...
>
> De même, quand bien même ta femme ne te témoignera que dédain, mépris, insolence, il ne tient qu'à toi de la ramener à tes pieds à force de bonté, d'amour, de tendresse. Car il n'y a pas d'attache plus forte, principalement entre homme et femme. Par la crainte, on peut lier les mains à un serviteur, et encore ne tardera-t-il pas à s'échapper, mais la compagne de ta vie, la mère de tes enfants, la source de tout ton bonheur, ce n'est point par la crainte, par les menaces qu'il faut l'enchaîner, mais par l'amour et l'affection. Qu'est-ce qu'un ménage où la femme tremble devant son mari? Quelle joie y a-t-il pour l'époux, quand il vit avec son épouse comme avec une esclave et non une femme libre?...[207]

b) *Tertullien*

D'Alexandrie et Antioche, nous passons à Carthage et à un courant d'idées beaucoup plus rigoriste. Chez les montanis-

---

207. S. JEAN CHRYSOSTOME, *Homélie*. Cité par J. Quéré-Jaulnes, *Le Mariage*, Lettres chrétiennes, p. 121.

tes, dont Tertullien est le représentant le plus illustre, l'ascétisme n'est pas, comme chez les gnostiques, l'aboutissement d'une conception métaphysique conduisant à la réprobation et de la chair et du mariage. Ils prétendent plutôt suivre à la lettre les conseils de s. Paul et vivre comme si la fin du monde était tout à fait imminente.

Tertullien était marié. Les deux premiers ouvrages qu'il consacra, en tout ou en partie, au mariage, sont le *Ad uxorem* et le *De cultu feminarum*: ils ne sont pas encore des oeuvres proprement montanistes. Il écrivit d'abord une sorte de testament moral pour sa femme, au cas où elle deviendrait veuve. Il espérait beaucoup qu'elle resterait dans cet état car, pensait-il, si les noces sont saintes, le célibat lui est cependant préférable.

L'atmosphère qui régnait de son temps à Carthage était sans doute comparable à celle que nous a décrite s. Augustin plus tard. On y menait une vie très dissolue et Tertullien mit maintes fois en garde les chrétiens contre les dangers moraux qui les entouraient: idolâtrie, luxe éhonté, spectacles immoraux, etc. Il leur conseillait avec beaucoup de véhémence de réagir, en pratiquant les vertus de pudeur et de chasteté.

Même s'il considérait le mariage comme béni[208] et restauré par le Christ, Tertullien lui opposa sans cesse la virginité, pour laquelle il avait une estime beaucoup plus haute. Le mariage était, à son avis, permis uniquement pour que l'homme et la femme ne tombent pas dans des fautes plus graves. L'*Ad uxorem*, modéré, n'est que l'esquisse d'une oeuvre ultérieure, celle-ci franchement montaniste: le *De monogamia*. Dans cette période de sa vie, il concédait encore que le mariage était béni par Dieu et qu'il était hérétique de le proscrire. Mais bien vite, cependant, il ne vit dans cette institution qu'«un moindre mal», car le vrai bien n'est pas ce qui est toléré, mais ce qui est vraiment bon; en conséquence, il faut se résoudre à suivre l'exemple de s. Paul. Puis, il passa à une violente exhortation contre les secondes noces. Il détruisit les arguments par

---

208. TERTULLIEN, *Ad uxorem*, I, 2.

lesquels on avait tenté de les justifier, soit la faiblesse de la chair, les tentations du monde et le désir d'avoir des enfants. Pour lui, on ne suivrait vraiment la volonté de Dieu qu'en ne se remariant pas. Pour se garder des tentations, il faudra que la veuve ne fréquente que les femmes qui auront décidé de se consacrer à Dieu dans cet état.

Tertullien désirait que l'union d'un homme et d'une femme se fasse sans contrainte extérieure avec comme conséquence l'indissolubilité. Elle devra pourtant être autorisée par le chef de famille et sera consacrée par l'Église.[209] Le but du mariage, étant la procréation des enfants, cette procréation lui sert de justification.[210]

«Il ne saurait être question», écrit Guignebert à ce propos, «du mariage considéré comme une sorte de législation des appétits sexuels car c'est précisément parce qu'il est cela qu'il lui paraît une fornication déguisée».[211] Cette manière de concevoir le mariage, note-t-il plus loin, marque en fait un net recul sur la pensée de s. Paul, qui avait dit: «Ne vous refusez jamais l'un à l'autre.»[212]

Cependant, le désir excessif de perfection n'entraîna pas toujours Tertullien à déprécier le mariage. Il a pu écrire ces très belles lignes, dont il se dégage beaucoup de tendre sollicitude:

> Tous deux frères, tous deux serviteurs ensemble. Nul divorce d'esprit, ni de chair, mais tous deux unis dans une seule chair. Où la chair est unie, l'esprit l'est. Ils prient ensemble, s'agenouillent ensemble, jeûnent ensemble, s'instruisent l'un et l'autre. Dans l'Église, ils sont égaux et unis. Ils participent ensemble au repas de Dieu, partagent épreuves, persécutions et consolations. Rien de caché par l'un à l'autre; rien d'évitable à l'un sans l'autre, rien de trop lourd pour l'un sans l'autre... Ils pratiquent tous les deux des oeuvres de

---

209. *De pudic.*, 4.
210. *Adv. Marc.*, IV, 23.
211. CH GUIGNEBERT, *Tertullien, Étude sur ses sentiments*, Paris, 1901, p. 291.
212. *I Cor.*, VIII, 5.

> miséricorde et prient ensemble le Seigneur... Tels les voit le Christ, et il se réjouit de les entendre. Il leur donne sa paix. Où ils sont deux, Il est là. Où Il est, il n'y a point de mal... Les fidèles ne doivent pas contracter d'autre mariage.[213]

Tertullien semble avoir compris, d'une manière constructive, les idées de s. Paul sur l'égalité du mari et de la femme dans le mariage, égalité renforcée par leur amour mutuel, prenant lui-même racine dans l'amour de Dieu. «Où la chair est unie, l'esprit l'est», écrivait donc Tertullien. Il reconnaissait l'importance primordiale de la sexualité dans la vie humaine et ne tentait pas de faire le pur esprit. C'est de l'entente charnelle que découlait aussi toute l'union spirituelle entre ces deux êtres. Comment a-t-il donc pu, après avoir compris cela, mener une semblable campagne de dénigration contre le mariage et les femmes? Sans doute fort intelligent et assez lucide, il était cependant peu équilibré: plus tard, d'autres phantasmes viendront brouiller la clarté de ses premières intuitions et l'entraîner dans les excès d'un purisme regrettable.

En effet, le texte qui vient d'être cité n'est qu'une heureuse parenthèse dans son oeuvre. Déjà, le ton de son ouvrage sur la toilette des femmes est beaucoup plus amer et plus misogyne. Tertullien essaya de culpabiliser la femme, fille d'Ève. Il s'efforça de lui faire croire, à elle aussi bien qu'aux hommes, qu'elle était une pécheresse, toujours prête à s'affubler de bijoux, à se farder et à déformer la nature en se teignant les cheveux. C'est dans cette oeuvre que l'on trouve la fameuse apostrophe aux femmes:

> Elle vit encore en ce monde, la sentence de Dieu contre ton sexe. Vis donc, il le faut, en accusée. C'est toi la porte du diable; c'est toi qui a brisé le sceau de l'Arbre; c'est toi qui la première a déserté la loi divine, c'est toi qui as circonvenu celui auquel le diable n'a pu s'attaquer; c'est toi qui est venue à bout si aisément de l'homme, l'image de Dieu. C'est ton salaire, la mort, qui a valu la mort même au Fils de Dieu.[214]

---

213. TERTULLIEN, *Ad uxorem*, II, VIII, 7-9.
214. TERTULLIEN, *De cultu feminarum*, I, 1, 2.

Tertullien ne pouvait aller plus loin dans ses accusations contre la femme, qu'il chargeait même de la mort de son Créateur. C'était vouloir lui enlever tout espoir de salut, alors que selon la promesse divine, la femme devait écraser le serpent. Marie avait pourtant permis le rachat de l'humanité.

Tertullien apparaît comme un violent, qui sent sa condition humaine et sa corporéité comme une entrave à son désir de pureté. Il n'arrive pas facilement à dominer ses instincts et ses inclinations. Sans doute, s'agit-il d'une chose fort difficile, voire même presque contre nature. Aussi fait-il porter sur l'Autre, la femme, l'odieux du combat qu'il se livre à lui-même. Son douloureux désir de pureté le pousse à mépriser et à maltraiter la femme, attitude négative, en fait, et aussi lâche qu'égoïste. Il pèche contre la vraie pureté, qui ne peut être qu'amour.

La première partie du *De cultu feminarum* développe une longue comparaison entre les femmes et les anges déchus. On peut y voir une preuve supplémentaire de l'ambiguïté des conceptions de Tertullien sur le sexe féminin: il se sent attiré, et pour se défendre, il mythifie la femme pour pouvoir en faire un palier mystique, puis la rejette de nouveau, car il se veut pur esprit. Les femmes sont attirées par des mirages comme la toilette. Dans celle-ci, Tertullien distingue le *cultum* et l'*ornatum*:

> Nous appelons «parure» (*cultum*) ce qu'on nomme les atours des femmes, «soins de beauté» (*ornatum*) ce qu'il faudrait appeler leur souillure. La première consiste dans l'or, l'argent, les pierreries, le vêtement; les seconds dans le soin de la chevelure, de la peau et des parties du corps qui attirent les regards. Nous inculpons l'une d'orgueil, les autres de luxure, pour que d'ores et déjà tu voies, servante de Dieu, ce qui de tout cela s'accorde à ton genre de vie, toi qui te réclames des principes opposés: l'humilité et la chasteté.

Il tente par la suite de déprécier les matières précieuses extraites à la sueur des condamnés et les pierres dont seules la rareté et l'exotisme font le prix. Marie Turcan, à qui nous devons l'édition de ce texte, montre très clairement que les associations d'idées que fait Tertullien ont des résonances plus profondes. Le *cultus* équivaut au *mundus* et engendre l'*ambitio*, opposée à l'*humilitas*. Quant à l'*ornatus*, c'est l'*immundus* qui entraîne à la *prostitutio*, le contraire de la *castitas* souhaitée pour une chrétienne.[215]

Ces idées avaient déjà été exprimées par les auteurs latins comme Sénèque, Ovide ou Juvénal. Ce sont les mêmes idées et les mêmes thèmes, héritiers de la diatribe: ils prennent encore plus de force sous la plume de Tertullien, qui appuie également sa satire sur l'autorité morale de s. Paul. Il devait avoir à la mémoire les critiques de l'Ancien Testament (*Ecclésiaste* ou *Proverbes*) sur la coquetterie des femmes. J.C. Fredouille fait justement remarquer que Tertullien a renoncé à employer le vocabulaire attendu pour désigner les bijoux et n'arrive pas aux mêmes effets satiriques que Juvénal. Il utilise des expressions et des métaphores absentes du vocabulaire profane et a recours à une rhétorique plus sobre que celle de la poésie satirique ou érotique.[216]

La seconde partie de la *Toilette des femmes* est un appel à la pudeur, laquelle, selon l'auteur, ne souffre aucun compromis. Trop de femmes prennent pour excuse à leur coquetterie de devoir vivre avec un mari ou dans une société où l'apparence extérieure a beaucoup d'importance. Tertullien voit dans toute coquetterie une possibilité de chute. «La chasteté parfaite, c'est-à-dire chrétienne, veut non seulement qu'on ne désire pas être désirée mais encore qu'on l'ait en horreur.»[217] Dans ces avertissements, il met sans cesse en garde contre la puissance du désir, ce qui traduit sans doute ses craintes et ses angoisses personnelles. Il ne fait guère confiance à ses capacités de résistance car il sait que la chair est faible.

---

215. MARIE TURCAN, *Tertullien, la toilette des femmes*, éd. du Cerf, Paris, 1971, p. 63. Tertullien a forgé le substantif «immundus» sur le modèle de «mundus» qui signifie propre et par extension, pur.

216. J. CL. FREDOUILLE, *Tertullien et la conversion de la culture antique*, Paris, 1972, pp. 50-51.

217. TERTULLIEN, *De cultu feminarum*, II, 2, 1.

Les courants gnostiques avaient causé beaucoup de tort au christianisme naissant par leurs excès dans un sens ou dans l'autre. Le fait que certaines sectes aient prôné une licence complète et aient laissé des prophétesses prêcher leur doctrine avait provoqué un agacement considérable parmi les autorités religieuses. Elles réagirent en établissant des règlements plus sévères pour les femmes et ne résistèrent pas aux préjugés déjà répandus contre elles, si bien que le sexe féminin fut finalement confondu avec les tentations charnelles.

Tertullien, qui voyait dans la femme la porte de l'enfer, n'en vint pas là par mépris de la chair, car il considérait celle-ci comme intimement mêlée à l'âme. «N'est-ce pas par le ministère de la chair que l'âme jouit des beautés de la nature, qu'elle utilise les trésors de la terre», écrivait-il; et plus loin, il concluait ainsi: «Si elle lui est associée dans la jouissance des biens de ce monde, pourquoi ne lui serait-elle pas associée dans la jouissance des biens éternels.»[218] On ne pouvait faire de plus grand éloge de la chair. Comment expliquer alors son agressivité envers la femme, chair et esprit comme l'homme? Objectivement, il assume sa condition charnelle, mais émotivement, il se méfie de ses forces et, s'attendant à faillir,[219] il tente alors de se prémunir contre d'éventuelles tentations en enjoignant aux femmes de ne pas l'y entraîner. Il y a quelque chose de très pathétique dans l'oeuvre de Tertullien, car on le sent à la recherche d'une immunité parfaite contre les charmes de la femme et contre sa propre nature.

Il tente ensuite d'inspirer aux femmes l'amour de la simplicité et l'horreur des artifices, dont la coloration des cheveux est, à ses yeux, le symbole le plus repoussant. Il soutient que les maris chrétiens ne seraient d'ailleurs pas sensibles à la beauté de leurs épouses, et les maris païens eux-mêmes s'en méfient. D'ailleurs une femme sainte, dit-il, a naturellement du charme. Est-il tout à fait désintéressé et objectif? «Contentez-vous de ce

---

218. TERTULLIEN, *De resur.*, 7, 7.
219. TERTULLIEN, *De cultu feminarum*, II, 2, 3.

Tête de femme romaine (profil) — (Bibliothèque Royale, Bruxelles)

que réclame une élégance sobre et suffisante; contentez-vous de plaire à Dieu», conclut-il.[220]

Tertullien attribue alors à un *vitio naturae* le désir qu'ont les hommes comme les femmes de plaire aux membres du sexe opposé.[221] La coquetterie serait indissolublement liée à la prostitution du corps.[222] La chasteté chrétienne ne peut se contenter d'être mais doit encore paraître[223], d'autant plus qu'avec le christianisme, l'humanité est entrée dans une ère nouvelle et que la fin des temps approche.

> Il est temps de vous montrer rehaussés des onguents et des ornements des prophètes et des apôtres. Prenez à la *simplicité* votre blanc, à la *pudeur*, votre rouge. Peignez vos yeux de *retenue* et votre bouche de *silence*. Passez dans vos oreilles la *parole de Dieu*, fixez à votre nuque le *joug du Christ*. Soumettez-vous à vos maris et vous serez assez parées: occupez vos mains au travail de la laine, gardez les pieds à la maison et vous plairez plus que dans l'or. Ayez pour vêtement la soie de l'honnêteté, le lin de la pureté, la pourpre de la pudeur. Ainsi fardées, c'est Dieu que vous aurez pour amant.[224]

Là voilà, telle que l'entrevoit Tertullien, la chrétienne parfaite. Elle aura joint aux qualités exigées par l'Antiquité païenne des vertus plus chrétiennes. Déjà, on attendait d'une femme qu'elle soit chaste, maîtresse d'elle-même et honnête, vertus qui s'apparentent à la *simplicitas* si souvent recommandée par Tertullien. À la chasteté est liée la retenue (*verecundia*) et aussi le silence dont s. Paul s'était déjà fait le champion. Il s'agit, semble-t-il, d'une vertu féminine plus sémite que romaine, et il est normal que Tertullien l'ait prescrite à son tour.

---

220. *Ibid.*, II, 4, 1.
221. TERTULLIEN, *De cultu feminarum*, II, 8, 1.
222. *Ibid.*, II, 12, 2.
223. *Ibid.*, II, 13, 3.
224. *Ibid.*

La soumission aux maris n'était plus à la mode à Rome mais le christianisme s'efforça de la justifier pour la réintroduire dans les moeurs. L'Église facilitait par cette voie la revalorisation du concept d'autorité, ainsi que du principe selon lequel une direction forte et centralisatrice était une chose bonne et utile. Tertullien ne cultivait pas une haute estime pour l'amour humain, car celui-ci devait, à son avis, laisser la place à l'amour de Dieu.[225] Peut-être suivait-il le courant de pensée des chrétiens de son époque, qui croyaient en une fin du monde imminente et qui ne voyaient plus la nécessité de se marier et de perpétuer la race humaine. Les excès, dans la recherche du plaisir, avaient sans doute provoqué une sorte de lassitude et une réaction d'austérité.

Tertullien se fit pourtant le défenseur de la pureté du mariage; le divorce lui était odieux. Il estimait que seul le cas d'adultère pouvait désunir ce que Dieu avait uni.[226] Le mariage n'en était pas dissous pour autant, et l'homme qui avait répudié sa femme ne pouvait pas se remarier sous peine de devenir adultère à son tour.

S'il s'éleva contre les grandes plaies de son temps — avortement, infanticide, exposition d'enfants[227] —, il n'en était pas pour autant un admirateur de la fécondité; il considérait que de nombreux enfants étaient plutôt le signe de l'intempérance de l'épouse; curieusement, celle du mari n'est pas mise en cause. L'adultère est le plus affreux des crimes[228], à l'égal de la fornication, de l'homicide et de l'idolâtrie, et Dieu ne peut le pardonner.[229] Comme le faisait très justement remarquer Ch. Guignebert, cette opinion extrême n'avait rien de très chrétien. Le pape Zéphyrin lui-même s'était prononcé pour la miséricorde et les conciles du quatrième siècle s'étaient montrés partisans de l'indulgence.

---

225. TERTULLIEN, *De idol.*, 12.
226. TERTULLIEN, *Ad uxorem*, II, 2; *De monog.*, 5, 9; *Adv. Marc.*, IV, 34.
227. TERTULLIEN, *Apol.*, 9; *Ad nat.*, I, 15.
228. TERTULLIEN, *De idol.*, 2.
229. TERTULLIEN, *De pudic.*, 4 et 5.

Somme toute, Tertullien apparaît comme un avocat passionné qui défend d'honorables causes. Il a cependant trop souvent recours à des arguments si outrés qu'ils en perdent poids et crédibilité. Il a certainement manifesté des sentiments de réelle tendresse pour sa femme, mais sa préoccupation exacerbée pour la Vie éternelle lui a enlevé le véritable sens de l'humanité. Il souhaitait avec tant de force échapper à l'attrait que les choses de ce monde exerçaient sur les païens qu'il s'acharna, inconsciemment sans doute, à détruire des valeurs aussi hautes et vitales que l'amour humain. Persuadé de la parousie prochaine, il s'est appliqué dès ici-bas à se détacher de tous les liens temporels et surtout de ceux qui l'avaient retenu à la femme. Il exigeait de celle-ci la chasteté par laquelle se mérite l'accès au Royaume de Dieu et la maîtrise de soi, toujours fondamentale pour atteindre à la sainteté et à la fécondité spirituelle.

Dans l'oeuvre de Tertullien, la femme apparaît comme un péril, l'amour comme un danger. La chasteté était dès lors le moyen le plus sûr pour l'homme comme pour la femme d'échapper à l'*ubris* (l'orgueil) qui conduit l'humanité dans le cloaque des passions. Nous sommes, une fois de plus, en présence de l'angoisse existentielle des premières générations de chrétiens. Les plus exigeants et les plus inquiets des Pères de l'Église n'avaient pas encore pu bâtir, à partir du message chrétien, une philosophie de la vie qui leur aurait permis de calmer leurs inquiétudes philosophiques et psychologiques, et de donner une réponse ontologique à leur quête spirituelle.

c) *Saint Ambroise*

Grand apôtre de la virginité, s. Ambroise s'est cependant gardé d'être injuste envers le mariage. Il a toujours veillé à respecter la distinction essentielle entre conseil et précepte. Son tempérament plus romain, plus mesuré que celui de Tertullien ou de s. Jérôme, a certainement pu exercer une influence positive sur s. Augustin. L'oeuvre de ce dernier sera capitale dans l'élaboration d'une théologie du mariage.

S. Ambroise a su éviter l'erreur commune qui faisait confondre la femme avec le mal et la tentation car, à propos du manque de chasteté, il disait: «Sachez que ce défaut tient aux personnes, non pas au sexe; car votre sexe est saint.»[230]

Comme les autres Pères de l'Église et les auteurs profanes, il craignait cependant que la coquetterie des femmes soit pour elles et leur entourage une porte ouverte sur le mal. Son opinion reposait sur les exhortations de s. Paul[231] ou encore sur celles de s. Pierre: pour les apôtres, l'attrait d'une femme résidait non pas dans ses atours ou ses bijoux mais dans ses vertus. Les Romains avaient eux-mêmes déjà développé abondamment ce thème. Aux yeux de s. Ambroise, les qualités essentielles de la femme sont la *gravitas*, la *pudicitia* et la *bona conversatio*, c'est-à-dire le sérieux, la pureté et la bonne conduite; en somme, les trois vertus traditionnelles des Romaines.

C'est en les pratiquant, écrit-il, que la femme pourra amener son mari à «la foi et à la ferveur».[232] Constatons, encore une fois, que l'on mise sur la femme, quoique destinée à être effacée et soumise, pour attirer l'homme dans le sein de l'Église. On lui reconnaît aisément, dans ce cas, un rôle primordial, non seulement comme épouse, mais encore comme éducatrice de futurs membres de la communauté. Pourtant, elle restera toujours un membre sous-estimé de cette Église, qui ne lui permettra jamais de participer à la hiérarchie ecclésiale.

«Ses richesses seront dans le Christ, la pudeur, la chasteté et ses parures, la foi, la ferveur et la miséricorde.»[233] Il n'est pas question de fécondité dans le texte; pourtant, c'est elle, aux yeux de s. Ambroise, qui est la «récompense du mariage et le bienfait des noces».[234] L'évêque de Milan se rend bien compte que condamner le mariage équivaudrait à condamner le genre humain à l'extinction. Pourtant, il ne voudrait pas que l'on

---

230. S. AMBROISE, *Exp. evang. sec. Lucam*, II, 54.
231. *1 Tim.*, 2, 9.
232. S. AMBROISE, *Des Sacrem.*, VI, V, 21.
233. S. AMBROISE, *Exp. evang. sec. Lucam*, II, I, 2.
234. S. AMBROISE, *Exp. evang. sec. Lucam*, II, I, 2.

interprète sa pensée comme un encouragement à la licence, mais plutôt comme une incitation à la modération dans l'accomplissement de la vocation de reproduction.[235] Pourquoi, se demande-t-il, ne pas prendre exemple sur les saints qui ont un grand souci de la réserve (*verecundia*) et qui «éprouvent de la pudeur même dans leurs désirs».

> Il est pour le mariage lui-même un temps déterminé où il est honorable de songer aux enfants: dans la vigueur de l'âge, quand il y a espoir d'avoir des enfants, quand leur procréation est autorisée par exemple, quand l'union conjugale est l'objet de désirs. Mais une fois arrivée la maturité de l'âge avancé, plus apte à régenter des enfants qu'à les engendrer, on a honte de porter les marques d'une union même légitime, de soutenir ce qui est d'un autre âge et d'entrailles gonflées d'un fruit hors de saison... Les adolescents eux-mêmes mettent en avant le désir d'avoir des enfants et croient excuser la chaleur de leur âge par l'attrait d'engendrer: combien y a-t-il plus de honte pour les vieillards à faire ce que les adolescents rougissent d'avouer! Et même les jeunes gens dont la crainte de Dieu calme et modère les coeurs, renoncent très souvent dès qu'ils ont une postérité aux oeuvres de jeunesse.[236]

Aux yeux de s. Ambroise, s. Élizabeth aurait donc dû rougir de la grâce tardive qu'elle obtenait de devenir mère, même dans une union légitime! Dans le contexte sémite, elle avait pourtant considéré cette grossesse inespérée comme une grâce et une bénédiction divines. Pourtant, le même Ambroise écrivait un peu plus loin que «c'est une honte pour les femmes de n'avoir pas la récompense des noces, puisque c'est leur seule raison de se marier». Dans ce passage, on retrouve toutes les contradictions d'une pensée qui n'arrive pas à émerger de ses angoisses devant le mystère de la transmission de la vie. Les conséquences de cette impuissance des Pères sera la sorte de discrédit qui couvrira le mariage dans le christianisme.

---

235. *Ibid.*, VIII, 3-7.
236. *Ibid.*, I, 43.

D'abord, on avait poussé les fidèles à garder la virginité en dénigrant le mariage. Le célibat prêché par s. Paul n'était pourtant qu'un conseil destiné à ceux qui se sentaient assez forts pour l'appliquer. Puis le mariage fut confondu avec la *copula*, l'acte sexuel, rarement considéré comme une manifestation privilégiée de l'amour des époux. Évidemment, on oublie la plupart du temps que le but premier du mariage était l'affection des époux. Or, celle-ci devait reposer sur le consensus de deux êtres à mettre en commun toutes les choses de la vie: c'était dans cette entente que résidait toute la conception romaine du mariage. S. Ambroise mit plutôt à l'honneur — et il faut le regretter — la conception sémite du mariage axée, plus qu'à Rome, sur la fécondité. Cette dernière était sans doute une des trois qualités essentielles exigées de la matrone romaine; cependant, dans l'*Éloge de Turia*, un mari aimant ne tient guère rigueur à sa femme de n'avoir pas d'enfants puisqu'il l'aime et qu'elle possède tant d'autres qualités. Ils est évident que, pour les Pères, le mariage était la seule manière permise de satisfaire ses instincts sexuels. Ceux-ci, étant entachés de forts préjugés à cause des abus où ils avaient mené, les Pères auraient préféré que les chrétiens puissent en faire totalement abstraction. L'on avait vu certains jeunes couples renoncer à vivre leur sexualité après avoir eu des enfants. Il y eut, par exemple, Paula et son mari dans l'entourage de s. Jérôme. Il semblait donc déplacé aux chrétiens d'alors, et l'évêque de Milan en donne le témoignage, qu'un couple âgé se permettre des témoignages physiques d'affection.

À lire ces textes, on a encore une fois l'impression que leur auteur se débat avec un problème personnel et tente d'exorciser une tentation. S. Paul avait pourtant conseillé de ne jamais se refuser l'un à l'autre, sans limite d'âge! Tout semble se dérouler, dans cette période de réactions et d'exigences très hautes, comme si l'on avait oublié ou mal compris le message très simple du Christ, l'appel à un véritable amour fait de tendre sollicitude et donc, par le fait même, de modération et de sagesse.

S. Ambroise a proclamé bien haut l'indissolubilité du mariage qui, parce que d'institution divine, ne peut être dissous.[237] Il s'opposa également aux mariages mixtes. Une chrétienne n'épouse pas un Gentil, car la loi l'interdit, pas plus qu'un époux chrétien ne peut s'unir légitimement à une femme païenne. Il ne pourrait régner de véritable harmonie entre eux. Lorsque le conjoint incroyant se retire, celui qui est abandonné est disculpé. S. Ambroise conseillait aux maris de ne pas répudier une épouse difficile, car ce serait nier que Dieu soit l'auteur de leur union. Il fallait plutôt l'amener à s'amender, de peur qu'elle ne tombât dans une faute encore plus grave, l'adultère.

Il arrive à l'évêque de Milan de tenir des propos que l'on qualifierait aujourd'hui de «féministes». Il défend les femmes contre l'injustice dont elles sont souvent victimes lorsque des maris, poussés par l'attrait du nouveau, les quittent pour se ramarier avec une femme plus belle et plus jeune, laissant les premières démunies et sans avenir.

> Alors, qu'il ne lui soit pas permis de changer de foyer du vivant de son mari, le plaisir du péché peut se glisser chez elle. Ainsi, celui qui a causé son égarement est coupable et en faute quand l'épouse-mère est renvoyée avec les tout-petits, quand, âgée et la démarche chancelante, elle est mise à la porte. Il est mal de chasser la mère, de garder les enfants, ajoutant à l'outrage envers son amour la blessure à ses affections; plus cruel, de chasser à cause de la mère et en même temps, les enfants, alors que les enfants devraient plutôt racheter aux yeux de leur père le tort de la mère. Quel risque d'exposer à l'égarement l'âge faible d'une adolescente! Quelle dureté de délaisser la vieillesse après avoir défloré la jeunesse! Autant vaudrait qu'un empereur congédie un vétéran sans rénumérer ses services, sans honneurs, en le dépouillant du commandement qu'il possède et qu'un agriculteur expulse de son champ le villageois épuisé par son travail! Ce qui est défendu envers les sujets serait-il permis à l'égard d'une conjointe? Vous renvoyez donc votre épouse comme

---

237. S. AMBROISE, *Exp. evang. sec. Lucam*, VIII, 2.

de plein droit, sans grief, et vous le croyez permis par la loi humaine qui ne l'interdit pas, mais celle de Dieu l'interdit.[238]

Le christianisme a exercé sur certains points une influence favorable à une amélioration de la condition de la femme. Elle ne pouvait plus être répudiée par son mari: en contrepartie, elle était aussi obligée de supporter un mari difficile. L'Église tenait à protéger les plus faibles et à remédier aux injustices. S. Ambroise voyait dans la répudiation d'une épouse la contradiction même de la loi divine initiale qui assignait à l'homme de quitter son père et sa mère pour se marier et ne faire qu'une seule chair avec son épouse. Pour lui, d'ailleurs, l'époux était l'image du Christ, tandis que l'épouse était celle de l'Église dont on dit qu'elle est «épouse par l'amour, vierge par la chasteté».

Cette conception mystique aurait dû avoir quelque influence positive sur la doctrine du mariage dans l'Église. En effet, on y reconnaissait l'égalité des époux devant Dieu. La dignité de l'épouse était reconnue, puisque l'on enjoignait son mari de l'aimer et de la protéger. En revanche, si elle devait être soumise, on lui attribuait par contre le rôle de soutien de la foi dans la famille. Ces excellents principes ne furent pas toujours appliqués de façon à favoriser la femme. On retint surtout le fait qu'elle serait soumise à son mari parce que la société du temps, par réaction contre les abus antérieurs, amorçait un retour à une organisation patriarcale. Les Romains n'avaient jamais totalement accepté que leurs épouses soient plus libres que chastes, fécondes et dignes. La femme devint bouc émissaire et victime d'une réforme qu'elle était la première à souhaiter, mais qui s'opèra sans elle et même contre elle, parce qu'elle n'avait aucun accès aux mécanismes d'orientation et de décision.

Par crainte des tentations, la morale chrétienne édifiée par les Pères de l'Église va en fin de compte contribuer à déprécier la femme, qu'elle présente trop souvent comme la source

---

238. S. AMBROISE, *Exp. evang. sec. Lucam*, VIII, 4-5.

de tous les maux. Dans cette optique, le mariage ne pouvait être considéré comme une grande institution, et la virginité, qui devait supprimer les tentations charnelles, paraissait une voie beaucoup plus sûre pour ces théoriciens de la supériorité du non-désir sur les forces de la vie.

III
Les secondes noces

M. Humbert a consacré une étude très fouillée au remariage à Rome.[239] Nous rappellerons brièvement quelques-unes des conclusions auxquelles il est arrivé avant d'aborder l'opinion des Pères de l'Église sur les secondes noces.

La société romaine marquait certaines différences entre l'*univira* et la femme remariée dans les prescriptions religieuses. Il existait pourtant des rites religieux de remariage, qui prouvaient la dignité d'une seconde union. L'éloge du mariage unique découle de la haute conception et de l'estime qu'avaient les Romains pour la pudeur et la fidélité à l'époux.

L'on peut s'interroger cependant sur la manière dont la société a mis cela en pratique. Il semble que les remariages furent fréquents et qu'ils jouissaient d'une indulgence générale; ils furent même encouragés par la législation d'Auguste. Des mesures furent prises pour que les enfants ne soient pas lésés dans le cas du remariage d'un de leurs parents.

S. Paul eut, lui aussi, envers le remariage une attitude modérée et pleine de bon sens. Fidèle à un idéal exigeant, il suggérait la continence, mais conseillait aux jeunes veuves sans enfants de se remarier.[240] S. Ambroise rappela le conseil de s. Paul: même s'il était plus parfait de demeurer dans le veuvage et la chasteté, le remariage demeurait licite. Il proposa à la veuve chrétienne l'exemple de la tourterelle qui gardait sa fidélité à son premier compagnon.[241] Dans le *De viduis*, il exalta la

---
239. M. HUMBERT, *Le Remariage à Rome. Étude d'histoire juridique et sociale*, Milan, 1972.
240. *I Tim.*, 5, 12-15.
241. S. AMBROISE, *Hexaméron*, I, V, 62-63.

noblesse des veuves qui pouvaient dès lors se consacrer entièrement au service de Dieu. S'il n'estimait pas spécialement les secondes noces, s. Ambroise n'en tomba pas pour autant dans les excès de Tertullien ou de s. Jérôme. Nous avons pu constater que ces deux écrivains manquent d'objectivité lorsqu'il est question de mariage: a fortiori ne doit-on pas s'attendre à les voir devenir conciliants pour les secondes noces.

Tertullien

Dans l'*Ad uxorem*, Tertullien concède que le remariage est permis et il est encore à ce moment en accord avec la solution de s. Paul. Il se contente de condamner le mariage mixte. L'*Exhortation à la chasteté* qu'il adresse à un veuf pour qu'il ne se remarie pas marque déjà un durcissement dans sa pensée: il interprète s. Paul avec plus de sévérité. Le mariage unique, écrit-il, tire son origine de la création, car Dieu n'a donné qu'une seule femme à Adam. Les patriarches eurent plusieurs femmes parce qu'à cette époque la terre avait besoin d'être peuplée. L'approche de la parousie ne justifiait plus désormais l'incitation à la fécondité. Puisque, croit-il, c'est avant tout le désir sexuel qui pousse les gens à se remarier, il taxe le remariage d'être *quasi species stupri*.[242] Il estime aussi que l'union sexuelle empêche l'homme de se rapprocher de Dieu. De plus, affirme-t-il, un homme ne saurait aimer vraiment deux femmes, même successivement, car alors il en aimerait «une dans le souvenir, l'autre dans la chair». Ce traité se termine par l'éloge de la chasteté des vierges.[243]

Lorsqu'il écrivit le *De monogamia*, Tertullien était devenu totalement montaniste. L'on pourrait résumer sa pensée de cette façon: le second mariage équivaut à un adultère. Là où d'autres concèdent une faiblesse, lui voit un péché. Peut-

---

242. TERTULLIEN, *Ad uxorem*, IX, 4.
243. *Ibid.*, XIII, 4.

être pourrait-on trouver dans ses origines une explication à son attitude. Il était de cette terre d'Afrique où planait le mythe de Didon, l'épouse malheureuse qui s'était jetée sur le bûcher plutôt que d'être infidèle à la mémoire de son premier époux. Ajoutons à cela le pessimisme de son caractère: Tertullien n'aimait pas la vie et ne croyait pas au bonheur. Profondément préoccupé par certains aspects moraux de la religion, il en négligeait le côté spirituel et l'amour du prochain.

Dans son ouvrage sur la monogamie, il donne une preuve supplémentaire de son tempérament dominateur. Il prétend s'appuyer sur l'autorité du Paraclet pour prêcher une doctrine morale nouvelle et exigeante.[244] Il veut écraser les sensuels qui prennent prétexte de leurs passions pour interpréter les textes d'une manière trop laxiste. Les tolérances de s. Paul lui-même sur le remariage des jeunes veuves, lui paraissent abusives. L'on peut se demander comment Tertullien fut entraîné dans un tel excès. Avait-il du mariage une conception si haute qu'il ne pouvait le concevoir que comme une union unique et éternelle?

> Étant avec Dieu, nous serons ensemble puisque réunis dans le Dieu unique... S'il en est ainsi, comment se donnerait-elle à un autre homme que celui auquel elle est unie pour l'éternité.[245]

Ou encore, fut-il fasciné par l'ascèse, en réaction contre l'atmosphère licencieuse de Carthage? Cette grande ville n'avait rien à envier à Rome, à cette période. Le métier d'avocat avait sans doute aussi préparé Tertullien aux grandes plaidoiries fougueuses, et il usa de ses dons d'éloquence pour brosser du mariage des tableaux repoussants.

> Que se rassemblent les fruits des mariages réitérés, tout à fait adoptés aux derniers temps, des seins gonflés de lait, des ventres secoués de vomissements et des gosses qui piaillent. Préparez à l'Antéchrist de quoi fournir largement à sa cruauté.

---

244. TERTULLIEN, *De monogamia*, II, 1.
245. TERTULLIEN, *De monogamia*, X, 7.

Il vous amène comme accoucheuses des fournisseurs de charniers.[246]

Ces outrances de langage contrastent avec d'autres passages de ses oeuvres, empreints d'une réelle douceur. On ne pourrait cependant le condamner sans appel; il faut plutôt mettre ces débordements sur le compte de sa formation, de son milieu et de son désir exacerbé de perfection. On ne pourrait pas non plus, sans injustice, accuser Tertullien d'avoir été misogyne: il avait l'intuition de la délicatesse des sentiments des femmes.

> La femme qui, sans être responsable, ni son mari, mais par suite d'un accident de la Providence divine, n'a pas vu son mariage rompu mais abandonné, serait-elle liée à ce défunt auquel, tout défunt qu'il soit, elle doit l'union du coeur? De lui, elle n'a reçu aucune répudiation, elle ne l'a pas quitté, elle ne lui a pas signifié le divorce: elle est toujours avec lui; elle ne voulait pas le perdre, elle le garde. Elle a pour elle le privilège du souvenir qui lui rappelle à l'imagination tout ce que fut l'homme qu'elle n'a plus.[247]

On peut cependant faire grief à Tertullien d'avoir influencé la doctrine de l'Église sur le remariage d'une manière négative. Ses oeuvres charrient sur cette question beaucoup plus de jugements défavorables que d'apports constructifs. À cette époque, la chrétienté restait tiraillée entre deux courants: l'un ascétique et l'autre laxiste. La ligne dure semblait l'emporter, puisque l'on commençait à imposer le célibat au clergé de l'Église latine ainsi qu'aux évêques d'Orient. L'on continuait à ordonner prêtres, dans l'Église orientale, des hommes déjà mariés; mais ceux qui étaient ordonnés ne pouvaient se marier par la suite. La loi du mariage unique était encore plus ancienne pour le clergé, puisqu'elle remontait à s. Paul pour l'évêque et le diacre. Le septième canon du Synode de Néo-Césarée interdisait à un prêtre d'assister au repas de noces de

---
246. *Ibid.*, XVI, 5.
247. *Ibid.*, X, 2-4.

celui qui se mariait pour la seconde fois parce que le bigame était passible d'une pénitence.[248]

La position de l'Église envers le remariage sera beaucoup plus sévère que celle qui avait cours dans la Rome antique. La rigueur d'un Tertullien ne se retrouvera cependant que chez s. Jérôme. Ils ont en commun leur tempérament entier et passionné qui les empêcha de nuancer suffisamment leur pensée.

Saint Jérôme

En laissant libre cours à son éloquence satirique, le Père de l'Église va comparer le remariage à la pire des débauches. Son style atteindra dans cette polémique à un réalisme choquant, dont le passage suivant donne un exemple:

> La part de tribulations que comporte le mariage, tu l'as apprise dans le mariage lui-même; tels les Hébreux de la chair des cailles, tu en as été saturée jusqu'à la nausée. C'est une bile très amère qui a éprouvé ta gorge; tu as expulsé les nourritures gâtées et malsaines, tu as soulagé ton estomac enflammé, pourquoi voudrais-tu ingérer de nouveau ce qui t'a été nuisible? Le chien revient-il à ce qu'il a vomi, et le porc à la boue où il se roule? Quoique privés de raison, ni les animaux, ni les oiseaux migrateurs ne retombent dans les mêmes pièges ou filets. Tu crains peut-être que la descendance des Furia ne s'éteigne et que ton père n'ait pas de bébé qui puisse ramper sur sa poitrine ou badigeonner son crâne d'excréments...[249]

Le motif de la postérité comme le prétexte des héritages ne peuvent justifier un remariage. La lette à Furia contient plusieurs autres passages dignes de la verve de la sixième satire de Juvénal. Emporté par son désir de communiquer l'enthou-

---

248. P. DE LABRIOLLE, «Un Épisode de l'histoire de la morale. La lutte de Tertullien contre les secondes noces», *Annales de philosophie chrétienne*, p. 386.
249. S. JÉRÔME, *Lettres*, 54,4.

siasme pour l'ascèse, s. Jérôme ne contrôle plus ses expressions. Après ces débordements littéraires, il conseille aussi à Furia d'imiter les vertus de sa mère qui se distingue par son amour pour le Christ, sa pâleur de jeûneuse, sa piété charitable envers les pauvres, son respect pour les serviteurs de Dieu, sa modestie tant dans son coeur que dans sa toilette et son langage mesuré.[250]

Il concédait cependant que beaucoup d'embûches guettaient la jeune veuve qui voulait persévérer dans la chasteté. Le souvenir des plaisirs qu'elle avait connus contribuait à lui rendre la chose difficile: aussi fallait-il veiller et prier. Gourmandise, cupidité, coquetterie sont des défauts superficiels et, par conséquent, plus faciles à vaincre que les pulsions de l'instinct sexuel. L'on se souviendra du passage dans lequel s. Jérôme admettait que seul cet appétit était véritablement inhérent à la nature humaine, qu'il lui était indissociable car il était, en fait, l'instinct même de vie, il fallait que l'on soit mille fois plus vigilant à son égard, puisqu'il pouvait entraîner dans des abîmes beaucoup plus profonds.

En réalité, c'était une véritable confession que s. Jérôme faisait à Furia sur ses propres difficultés, relevant aussi les aspects les plus profonds de sa personnalité. L'arme de la victoire résidait, croyait-il, dans la chasteté totale, car «elle décapite la passion».[251] Pour soutenir Furia, il évoqua à la fois l'exemple des chastes veuves de la Bible ainsi que celui de ses contemporaines.

Il sera encore question des secondes noces dans la lettre adressée à Oceanus sur la mort de Fabiola. S. Jérôme avait excusé le remariage de cette jeune femme parce qu'elle avait d'abord vécu avec un mari débauché.

> Elle constatait en ses membres cette autre loi qui luttait contre la loi de sa conscience; elle se sentait enchaînée, captive, entraînée vers la sensualité. Elle jugea meilleur d'avouer

---

250. *Ibid.*, 514, 6.
251. S. JÉRÔME, *Lettres*, 54, 16.

ouvertement sa faiblesse et de subir je ne sais quelle ombre d'un lamentable mariage, plutôt que de se livrer au désordre en conservant le prestige de la monogamie.[252]

S. Jérôme donne donc ici pleinement raison à s. Paul. Il admettait aussi avec l'Apôtre l'égalité morale des deux sexes lorsqu'il écrivait: «Chez nous, ce qui n'est pas permis aux femmes, ne l'est pas non plus aux hommes; identique est la servitude, égal est aussi le statut.»[253] Fabiola finira sa vie dans un renoncement total à tout le luxe qu'elle avait connu, ainsi que dans une chasteté parfaite qui rachetait ses faiblesses d'antan. S. Jérôme concluait très justement qu'«à plus de pardon répond plus d'amour».

Il conseilla aussi à Salvina de rester veuve, car les veuves peuvent arriver au second degré de chasteté. Elle avait des enfants qui devaient remplacer un peu l'absent, et ce n'était pas, de l'avis de s. Jérôme, un mince mérite aux yeux de Dieu que d'élever des enfants.[254] Il rappela à la jeune veuve que les moyens de persévérer dans la chasteté étaient le jeûne, l'absence de mondanités et de coquetterie, enfin, la pudeur.

> Chose délicate chez les femmes que la réputation de pudeur: c'est comme une fleur exquise qui se flétrit au plus léger souffle; alors surtout que l'âge concorde avec le prétendu vice et que la garantie d'un mari fait défaut dont l'ombre seule protégerait l'épouse.[255]

À travers toute l'histoire romaine, la pudeur est considérée comme une vertu primordiale, et les Romains se sont toujours montrés aussi soupçonneux qu'admiratifs à son égard. Le comportement d'une femme seule et jolie — la chose se vérifie toujours dans les pays méridionaux — est toujours épié, surveillé et plus ou moins aimablement commenté. Pour cette raison, s. Jérôme conseille à Salvina d'emprunter la voie déjà suivie par sa mère ainsi que par une de ses tantes. Dans ce cas-

---

252. *Ibid.*, 77, 3.
253. *Ibid.*
254. S. JÉRÔME, *Lettres*, 79, 7.
255. *Ibid.*, 79, 8.

ci, il ne montra pas l'indulgence qu'il avait eue précédemment pour Fabiola et il interprète s. Paul sans laisser place à aucune concession. Il préfère cependant les secondes noces au «lupanar» et conseille alors qu'«une jeune veuve qui ne peut vivre dans la chasteté, convole avec un mari plutôt qu'avec le diable».

Le digamie reste à ses yeux un état inférieur. Il reviendra sur les mêmes considérations dans une lettre adressée à la veuve Ageruchia.[256]

La question morale du remariage a passionné les esprits durant au moins les cinq premiers siècles de l'ère chrétienne. Les législations de l'Église se ressentiront des idées rigoristes avancées par les Pères.

Saint Augustin

L'ampleur du sujet nous contraint à limiter notre enquête aux Pères dont il a déjà été question, auxquels cependant on ne peut éviter d'adjoindre s. Augustin en terminant. Ses idées à elles seules pourraient d'ailleurs faire l'objet de toute une thèse, car il a longuement parlé des noces et laissé des instructions bien précises sur la question. Il avait sur le remariage une pensée très nette, inspirée des paroles de s. Paul. Il ne s'agissait nullement, à son avis, de condamner les secondes noces, ni les troisièmes, ni même les suivantes, puisque l'Apôtre estimait que la femme est libre, quand son mari est mort, de se remarier avec qui elle veut. Les secondes noces sont seulement moins «honorables» que la chasteté. D'ailleurs,

> La chasteté conjugale est bonne: la continence dans le veuvage est meilleure. Le mérite du veuvage est rehaussé par l'infériorité du mariage: mais pour être meilleur et digne de louange, il ne fait pas que le mariage ne soit pas bon.[257]

256, *Ibid.*, 123.
257. S. AUGUSTIN, *De viduis*, V, 6.

L'évêque d'Hippone expliquait la supériorité de l'état de chasteté du fait que «la continence du veuvage et de la virginité requiert un don plus large et plus excellent»:[258] mais ce don n'est pas donné à tout le monde. Il recommandait donc de ne condamner à aucun prix celles qui n'avaient pas entendu l'appel de la perfection, ni même celles qui ne s'étaient pas senti le courage d'en assumer les exigences.

> Les censeurs du remariage des veuves, même s'ils pratiquent leur continence avec une ardeur étonnante en s'abstenant de bien des choses dont vous gardez l'usage, ne doivent point vous séduire de sorte que vous alliez partager leur sentiment, tout en ne pouvant faire ce qu'ils font eux-mêmes. Personne, en effet, n'a envie de devenir fou furieux, même si l'on constate que les forces du fou furieux sont supérieures à celles des hommes sains.[259]

Son bon sens et l'équilibre inspirent ce passage d'une exhortation que le grand docteur de l'Église adressait à la veuve Julienne, mère de la vierge Démétriade. Certes, cette veuve aurait pu songer à se remarier, mais s. Augustin met en lumière pour elle les avantages de la viduité consacrée au Seigneur. Il n'en tombe pas pour autant dans la conception manichéenne du mariage qui condamnait les secondes noces avec fermeté.

Aux veuves, les Pères de l'Église ont continué de demander les qualités traditionnelles de la femme romaine. Elles seront chastes pour pouvoir persévérer dans leur état et il leur faudra beaucoup de maîtrise de soi pour résister aux tentations. Enfin, leur fécondité spirituelle sera bien supérieure à la fécondité biologique qu'elles ont pu exercer du temps où elles étaient mariées. Désormais, tous leurs actes auront un but eschatologique.

Il n'est pas étonnant que l'opinion des Pères de l'Église sur les secondes noces ait différé de celle qui avait prévalu sur le remariage dans la Rome païenne. Le nouvel idéal de virginité avait transformé toute l'optique sur la question. Les veuves

---

258. *Ibid.*, IX, 12.
259. *Ibid.*, XV, 19.

semblaient, sans doute, avoir encore moins d'excuses que les vierges de ne pas se consacrer à la chasteté, puisqu'elles avaient déjà connu les joies de la vie maritale et qu'elles savaient, par conséquent, à quoi s'en tenir. Les Pères ont toujours eu tendance à insister sur les désagréments du mariage. Aussi les veuves se devaient de consacrer toute leur énergie à leur salut, d'autant plus que le temps de la parousie approchait.

Aperçu sur la position de l'Église et de l'État sur le veuvage

«Si l'Église a toujours rejeté la condamnation du remariage, ce fut toujours par réalisme, conscient qu'une grande sévérité pousserait les âmes faibles à des fautes graves», écrit M. Humbert[260] dans son étude sur le remariage à Rome.

Il a évidemment fallu que le christianisme s'adaptât aux réalités sociales du temps, chose qu'un s. Jérôme ne semblait pas comprendre du tout. Entouré comme il l'était d'âmes d'élite et de personnes venues de milieux privilégiés, il pensait qu'on pouvait imposer à tout le monde les mêmes exigences de vertu.

Quant aux mesures pratiques en l'honneur dans l'Église, nous constatons que le Concile d'Elvire (en 306) n'accorde pas au fidèle remarié le pouvoir de baptiser un catéchumène. Les digames sont exclus des ordres et ne peuvent recevoir l'ordination. Différents conciles vont répéter ce règlement. M. Humbert y voit la preuve que l'Église a du mal à faire reconnaître l'infériorité du remariage.

Nous trouvons dans les *Didascalies* de nombreuses recommandations à propos des veuves: certaines sont même amusantes, et le tout forme un tableau très vivant. Il s'agit ici de veuves consacrées et formant une sorte d'ordre.

---

260. *Le Remariage à Rome. Étude d'histoire juridique et sociale*, p. 322.

En premier lieu, il ne faut pas accepter de veuves qui soient trop jeunes, de peur qu'elles ne reviennent sur leur décision et ne jettent alors «un opprobre sur la gloire de la viduité».[261] Il faudra cependant aider les jeunes veuves de peur qu'elles ne songent à se remarier, «car vous savez que celle qui a eu un homme peut bien en avoir légalement un second, mais, au delà de cela, sera une *prostituée*.[262] Nous trouvons aussi une longue liste des qualités requises de la veuve, «douce, tranquille, modérée, sans malice et sans colère, ni bavarde ni querelleuse, que sa langue ne soit pas longue, qu'elle n'aime pas les disputes».[263]

On semble se méfier particulièrement de la «langue» des veuves. Il ne faudrait à aucun prix que l'une d'elles ne parle aux païens de l'Incarnation ou de la passion du Christ, car elle pourrait attirer leurs quolibets et encourir aussi une «forte peine pour ce péché».[264] Les femmes ne sont pas destinées à enseigner «ni surtout les veuves», car elles sont là pour prier le Seigneur qui ne leur a jamais ordonné d'enseigner.[265] Il semble aussi qu'il dut y avoir des veuves, sans pudeur et bavardes, d'autres qui étaient menteuses et jalouses. La veuve modèle reste chez elle et prie, elle est «humble», «pure», «réservée»; elle travaille la laine pour «donner aux autres plutôt qu'en recevoir quelque chose».[266] Les veuves doivent une obéissance aveugle aux évêques et aux diacres: «qu'elles ne se conduisent pas par leur propre volonté».[267] Il ne leur est pas permis de baptiser: ce serait un danger pour celui qui est baptisé et pour celui qui baptise. Si le Seigneur avait voulu qu'elles puissent baptiser, il en aurait donné un exemple.

Rappelons que la *Didascalie* a été composée en Syrie durant la première moitié du troisième siècle. Elle n'est pas

---

261. *Didascalies*, livre XIV, I, 2.
262. *Ibid.*, livre XIV, II, 2.
263. *Ibid.*, livre XV, V, 1.
264. *Didascalies*, livre XIV, V, 6.
265. *Ibid.*, livre XIV, VI, 1-3.
266. *Ibid.*, livre XV, VII, 8.
267. *Ibid.*

adressée aux Romaines, mais reste très significative de l'état d'esprit de l'Église envers les femmes. Les veuves pouvaient exercer un ministère dans l'Église orientale à côté des diaconesses. Elles avaient une mission avant tout spirituelle; elles priaient pour leurs bienfaiteurs et pour l'Église. La diaconesse vaquait au chevet d'un malade pour lui donner des soins, tandis que la veuve allait «pour jeûner avec lui, pour prier et pour lui imposer les mains en vue d'obtenir de Dieu sa guérison».[268] Signalons encore que l'on reconnaissait aussi à la diaconesse un rôle plus actif dans les baptêmes.

Le premier concile de Tolède, en 400, va mettre sur le même pied la vierge consacrée et la veuve. Les veuves se distinguèrent dès cette période par un vêtement (*vestis vidualis*) qui marquait leur état.[269] On peut en conclure que les veuves, désireuses de garder cet état, prirent un engagement devant l'évêque. Il ne s'agissait pas cependant d'une véritable cérémonie religieuse. R. Gryson conclut que «le veuvage est essentiellement un état de vie canoniquement organisé»,[270] tandis que le cas du diaconat constitue une fonction.

L'Église ne statua pas seulement sur les veuves consacrées, elle précisa aussi les devoirs des parents dans le cas d'un remariage. Les Pères avaient insisté maintes fois sur le fait que les enfants pourraient avoir à souffrir d'une marâtre ou d'un beau-père. De nombreuses inscriptions contiennent l'éloge d'une mère qui a renoncé à se remarier pour élever seule ses enfants: cela prouverait que l'enseignement de l'Église a été entendu. Ce fait semble d'ailleurs nouveau, car l'on n'a retrouvé qu'une seule inscription païenne qui témoigne avec éloge d'un tel renoncement.[271]

---

268. R. GRYSON, *Le Ministère des femmes dans l'Église ancienne*, Gembloux, 1972, p. 70.

269. Premier concile d'Orange, can. 26.

270. R. GRYSON, *Le Ministère des femmes dans l'Eglise ancienne*, p. 175.

271. M. HUMBERT, *Le Remariage à Rome. Étude d'histoire juridique et sociale*, p. 358.

Une constitution datée du 31 janvier 320 avait mis fin aux lois d'Auguste destinées à encourager le remariage. L'abrogation laissait les femmes libres de se remarier ou non. Même si la législation d'Auguste était déjà plus ou moins tombée en désuétude, il s'agissait là d'une victoire de l'influence chrétienne, qui avait mis à l'honneur un nouvel idéal de chasteté.

Au Bas-Empire, on alla plus loin pour décourager les veuves de se remarier. D'abord, les femmes *sui iuris* ne furent plus autorisées à se remarier sans le consentement soit de leur père, soit des proches parents. On prit prétexte que les jeunes veuves étaient souvent l'objet de pressions intéressées voire malhonnêtes. Cela avait toujours existé pourtant. Faut-il attribuer cette mesure à l'influence de l'Église? Des dispositions analogues existaient en Orient. Nous pouvons croire que le christianisme, en prônant un nouvel idéal de vie, la virginité, a tenté de le privilégier à tout prix. Il était presque normal dès lors d'essayer de restreindre la liberté des femmes qui choisissaient le mariage, et encore plus de celles qui auraient voulu se remarier.

M. Humbert attribue cette moralisation du droit non seulement à des pressions de la part de l'Église, mais encore à un prolongement des coutumes orientales et hellénistiques. Nous croyons cependant que la tendance moralisatrice est très profondément ancrée dans l'âme romaine. L'influence de la Grèce a peut-être momentanément poussé le juridisme romain dans des sphères plus théoriques et plus abstraites: mais il retrouve, avec le christianisme, sa nature originelle, c'est-à-dire de morale pratique.

Valentinien alla même jusqu'à donner une prime fiscale aux veuves qui ne se remarieraient pas. Le délai de viduité fut prolongé et sa violation punie de lourdes sanctions pécuniaires.[272] M. Volterra a nié, contrairement à la majorité des auteurs, qu'il faille voir dans cette mesure l'influence de

---

272. C. 5, 9.1.

l'Église. À son avis, cette dernière aurait plutôt eu tendance à ignorer le *tempus lugendi* par hostilité pour les manifestations païennes du deuil.[273] Sans doute a-t-il raison, car la croyance en la vie éternelle donnait une consolation spirituelle très profonde aux chrétiens. L'État n'avait pas encore pu cependant s'imprégner à ce point de l'esprit du christianisme que sa législation le reflétât parfaitement. Mais en accentuant une mesure déjà courante par dispositif juridique, l'État traduisait l'opposition de l'Église au remariage. Cette dernière était animée du souci de voir les veuves se consacrer à la chasteté, c'est-à-dire à la pureté de vie. L'État romain avait, par le passé, voulu protéger les liens du sang (*turbatio sanguinis*) pour garder la pureté du sang d'une famille. Une fois encore, l'État du Bas-Empire ne subissait pas tant l'influence du christianisme qu'il ne retrouvait l'ancien esprit de son droit. Celui-ci avait été et restait fort aristocratique et élitiste. Rome avait toujours eu grandement conscience de la force que les liens agnatiques représentaient pour la société et l'Église, indirectement, l'aiderait à restaurer cet esprit patriarcal avec, comme corollaire, la remise en tutelle de la femme. Cette sujétion était évidemment présentée aux intéressées comme preuve de protection.

Une constitution de Théodose 1er va prescrire des peines patrimoniales contre le remariage des mères: elles étaient pénalisées dans leurs droits d'usufruit, concédés par leur premier mari sur ses biens.

Si le législateur a si bien entendu les suggestions des Pères et de l'Église, c'est qu'elles n'étaient point étrangères à un vieux fond romain qui gardait la nostalgie du temps où les femmes portaient à un haut degré les trois vertus indispensables à l'édification d'une société idéale selon leur conception.

Pour inciter davantage les veuves à ne pas se remarier, les législateurs vont favoriser, à un degré inconnu jusque-là, les intérêts des enfants. Les Pères de l'Église, on l'a vu, peignirent

---

273. E. VOLTERRA, «Un' observazione in tema di impedimenti matrimoniali», *Studi Albertoni* I, 1933, p. 420.

avec complaisance de sombres tableaux des souffrances que les enfants pourraient attendre d'une marâtre ou d'un beau-père. Juvénal et Martial l'avaient fait avant eux, mais sans influencer pour autant la législation, car l'on n'avait pas encore, à cette époque, ni le souci des enfants ni celui des esclaves. Ce fut grâce à la lente évolution de la civilisation que, petit à petit, le message égalitaire apporté par le stoïcisme et ensuite par le christianisme, a pu faire changer les mentalités et modifier les lois. Ainsi la loi *Feminae*, de 382, laissait à la mère remariée les biens qu'elle avait reçus, mais avec l'obligation de les restituer aux enfants de son premier mariage. La mère remariée pouvait hériter indirectement de son précédent mari par un enfant de ce premier mariage.

La *Novelle* 14 de Théodose II, datant de 439, étendait au père les dispositions prises par la mère, c'est-à-dire que les enfants ont, au cas où leur père se remarierait, un droit très proche du droit de propriété sur les biens que le survivant a reçus du prédécédé.

Si l'*univira* avait été anciennement louée à Rome, le christianisme fit presque de cet état un devoir religieux fondé sur la supériorité de la chasteté. L'Empire, qui ressentait déjà les failles d'une décadence, profitera du discrédit mis sur le mariage pour tenter de restaurer un régime patriarcal. On avait pris conscience des dangers d'une confusion des biens des familles. Les femmes font généralement les frais de ce genre de réforme, car il s'agisssait de restreindre leurs libertés et de compter sur leurs vertus pour assurer le bon fonctionnement des lois.

Les Romains, à cette période, semblent vouloir récupérer certaines des anciennes prérogatives qu'ils avaient dû, avec le temps et l'évolution des moeurs, partager avec les femmes. Cependant, ils ne parviennent pas à remonter le courant et reprendre à celles-ci tous les droits qu'elles avaient acquis.

Si le législateur a pu faire accepter de telles mesures, c'est que les mentalités de l'époque étaient prêtes à recevoir une législation plus conforme aux idées de justice prônées par certaines philosphies et le message chrétien. De même, la vocation de chasteté, déjà contenue en germe dans certains courants de pensée, a pu prendre son sens vraiment spirituel avec l'Incarnation. C'est parce que la Rome antique avait exigé beaucoup de vertus des femmes que les Pères de l'Église ont pu leur demander de transcender le niveau humain et de tendre à la perfection chrétienne. Grâce à cette influence morale enfin, l'État pouvait entériner un *aggiornamento* dans les législations. Il n'entrait pas dans notre propos de reprendre dans le détail des dispositions techniques des lois concernant le remariage, mais plutôt de tenter d'en découvrir les motifs.

* * *

Nous avons constaté, dans les chapitres sur le mariage et le remariage, combien les Pères saisissaient volontiers toute occasion de dénigrer le mariage. Persuadés que le Christ était venu donner aux hommes la possibilité de transformer le monde, le mariage leur apparaissait désormais comme une institution inutile. Lassés, peut-être, des habitudes du monde païen et pris d'un enthousiasme quelque peu puéril, ils auraient aimé vivre dès ici-bas comme dans la Cité céleste. Mais l'exaltation faisait place à des élans moins enfantins lorsqu'il s'agissait de trouver un bouc émissaire aux difficultés rencontrées dans la poursuite d'une vie angélique. La femme, le mariage, les secondes noces devenaient les ennemis les plus dangereux, et l'agressivité contre ces soi-disant obstacles à la vertu se traduisait dans des propos souvent fort injustes. Les Pères voulaient pouvoir compter sur la virginité des femmes comme garantie et soutien de leur propre vertu.

Certains, heureusement, gardèrent assez de lucidité pour comprendre que la virginité n'était pas accessible à tous et que la survie du monde dépendait encore du mariage, même si la parousie semblait proche.

Les auteurs chrétiens, comme les anciens Romains, attendaient des femmes la pratique des trois vertus fondamentales nécessaires à l'épouse comme à la veuve pour être fidèles à leurs engagements.

L'on peut regretter de ne pas encore trouver chez les Pères la véritable amorce d'une théologie du mariage. Ils se sont limités à des jugements moraux et sont demeurés très peu explicites sur ce qu'aurait pu être, au point de vue spirituel, la vie maritale d'époux chrétiens. L'Incarnation donnait un sens nouveau à la virginité: celle-ci n'était plus issue, comme pour les Vestales, des exigences du monde cosmique, mais de l'espoir de la vie éternelle. Pourquoi cet espoir n'aurait-il pu transformer de la même façon la conception du mariage? L'Église a cependant approfondi les raisons de l'indissolubilité qui devait faire la différence entre le mariage païen et le mariage chrétien.

IV
Débuts d'une juridiction canonique du mariage

Nous avons déjà pu constater que, si les Pères n'ont pas vraiment amorcé l'élaboration d'une théologie du mariage, ils ont cependant très tôt insisté sur les aspects moraux de cette institution.

Le mariage chrétien s'est essentiellement distingué du mariage païen par l'indissolubilité: par là, il a atteint une dimension encore inconnue dans le monde. La répudiation était tout à fait normale chez les Juifs. On sait que le mariage romain, à caractère consensuel, pouvait normalement être dissous lorsque l'une des deux parties, n'éprouvant plus l'*affectio maritalis* pour son conjoint, décidait de rompre son engagement. Jésus vint, par contre, affirmer qu'il était désormais interdit de briser un lien formé par Dieu lui-même.[274] L'Église ajouta par la suite aux prescriptions du Christ une précision nouvelle sur la consommation du mariage. Celle-ci devint le signe terrestre de l'union des époux, considérée comme *sacramentum*. On retrouve là la grande préoccupation des Pères pour tout ce qui concernait la «chair». La dissolution du mariage ne fut plus tolérée que dans le cas où l'un des deux conjoints serait païen, «si la partie païenne veut se séparer, qu'elle se sépare. Dans ces sortes de cas, le frère et la soeur ne sont pas enchaînés»:[275] c'est ce qu'on appelle le «privilège paulin».

Celui-ci nous paraît, en réalité, en contradiction avec le fait que l'Église considérait, surtout durant les quatre premiers

---

274. *Mt.* XIX, 6.
275. *1 Cor.* 7, 12-15.

siècles, la copulation comme le véritable signe du mariage. Le privilège paulin était, nous semble-t-il, plus proche de l'esprit romain du mariage. Celui-ci faisait reposer l'*affectio maritalis* sur une conception de la vie commune aux deux époux. Comment aurait-elle pu exister chez des conjoints qui avaient des croyances tout à fait différentes? Cet obstacle devait être dirimant aux premiers temps du christianisme, puisque les unions, selon l'esprit de l'Église, n'avait pas encore obtenu de reconnaissance officielle. Il lui parut logique alors d'élever le mariage au rang de sacrement, puisqu'il impliquait désormais des exigences plus grandes. Celles-ci étaient contrebalancées par des grâces attachées à cet état, devenu désormais une voie plus difficile. Les apôtres eux-mêmes avaient été surpris par les lois nouvelles du mariage, puisqu'ils avaient répliqué à Jésus: «Si telle est la condition de l'homme envers la femme, il n'est pas expédient de se marier.»[276] Ils avaient été habitués à pouvoir répudier leurs femmes selon leur bon plaisir. C'est à ce moment que le Christ conseilla à ses disciples de rester «eunuques... en vue du Royaume des Cieux». Peut-être pourrait-on trouver là une des causes du mépris dans lequel les premières générations de chrétiens tinrent le mariage. Puisque le mariage devenait un engagement si exigeant, certains hommes préférèrent y renoncer plutôt que d'être unis pour toute la vie à une même femme.

Autre grande nouveauté du message chrétien, c'est qu'il plaçait la femme sur un pied d'égalité pour tout ce qui touchait l'unité du mariage. Désormais l'homme devrait être fidèle comme elle:

> La femme ne doit pas se séparer de son mari. Si cependant elle s'en trouve séparée, qu'elle vive dans le célibat ou bien qu'elle se réconcilie avec son mari. Le mari non plus ne doit pas répudier sa femme.[277]

De cette égalité devant la loi de l'indissolubilité, il ne faudrait pas déduire trop hâtivement qu'elle faisait désormais de

---

276. *Mt.* 19, 10.
277. *1 Cor.* 7, 10-11.

la femme l'égale du mari dans la communauté conjugale. L'épouse doit obéir à son mari car il est le «chef de la femme»;[278] et encore, «les femmes doivent se soumettre en tout à leurs maris». Comment s. Paul justifie-t-il cette place assignée à la femme? Il rappelle l'histoire de la création: Ève a été faite pour Adam,

> L'homme... est l'image et la gloire de Dieu: la femme, c'est de l'homme qu'elle est la gloire. L'homme, en effet, n'a pas été tiré de la femme, mais la femme de l'homme. Ce n'est pas l'homme qui a été créé pour la femme, mais bien la femme pour l'homme.[279]

L'Apôtre argumente aussi de la chute pour justifier la place inférieure qu'il veut assigner à la femme:[280] «Qu'elle se tienne tranquille», puisqu'Adam fut créé le premier et Ève ensuite. Cette dernière, de plus, «se rendit coupable de transgression. Néanmoins, elle sera sauvée en devenant *mère* à condition de persévérer dans la *foi*, la *charité* et la *sainteté*».

Nous voilà, une fois encore, devant le schéma classique dans lequel on enferma les femmes à Rome et plus tard, chez les Pères de l'Église. D'abord la fécondité, ensuite la modestie qui sous-entend à la fois chasteté et maîtrise de soi. Quant à la foi, c'est la forme la plus haute et la plus désintéressée du courage, la charité, celle de la fécondité, et la sainteté, celle de la pureté.

Comment expliquer que ce message, venu de Galilée, ait été si bien entendu à Rome, où la femme était pourtant tenue en plus haute considération? Sans doute est-ce parce que les femmes avaient pu y prendre une influence si considérable dans beaucoup de domaines qu'elles suscitaient désormais chez les hommes non seulement de l'aigreur, comme chez Juvénal, mais une volonté bien arrêtée de les faire «rentrer dans les rangs».

---

278. *Éph.* 5, 23.
279. *1 Cor.* 11, 7-9.
280. *1 Tim.* 2, 13-15.

Le message du Christ était cependant assez proche de l'antique esprit romain, lorsque s. Paul insistait sur le grand devoir du mari envers sa femme. «Maris, aimez vos femmes comme le Christ a aimé son Église.. Ainsi les hommes doivent aimer leurs femmes comme leur propre corps. Aimer sa femme, n'est-ce-pas s'aimer soi-même.»[281]

Nous citons assez longuement ces textes afin que l'on puisse se rendre compte de la manière dont ils ont pu influencer l'élaboration d'une législation du mariage dans l'Église. Celle-ci eut d'ailleurs aussi, à la longue, des répercussions sur le droit civil. De ces passages et de bien d'autres,[282] il ressort d'abord que le mariage est voulu par Dieu pour la propagation du genre humain, ensuite qu'il est indissoluble et que les époux ont l'un envers l'autre des devoirs d'affection; enfin qu'il s'agit d'un sacrement (Noces de Cana) et que, par conséquent, il est normal que l'Église intervienne dans sa conclusion.

Dès les premiers siècles du christianisme, l'Église s'efforça de modifier la conception païenne du mariage en y introduisant son interprétation de la pensée du Christ. Aux chrétiens, il fut désormais interdit d'invoquer le *repudium* permis par la loi civile, sauf s'il n'était pas suivi d'un nouveau mariage ni d'une part ni de l'autre.[283] C'est à s. Ignace d'Antioche, qui mourut martyr sous Trajan, en 117, que nous devons un premier témoignage sur l'intervention de l'Église dans le mariage des chrétiens.

> Il serait bon que ceux qui se marient, tant hommes que femmes, ne contractent leur union qu'avec l'approbation de leur évêque: car c'est la pensée de Dieu qui doit présider aux mariages et non la passion. Tout pour la gloire de Dieu.[284]

---

281. *Éph.* 4, 28-29.
282. *Indissolubilité conjugale*, Mt. 19, 4-9 et 5, 32; Marc 10, 6-11; Luc 16, 18; Éph. 5, 3-32; Rom. 7, 2-3; 1 Cor. 10, 11 et 39. *Fidélité des époux*, 1 Cor. 7, 3-5. *Mari, chef du ménage*, 1 Cor. 11, 3; Éph. 5, 22-24; 45, 25; Col. 3, 18-19. *Place de l'enfant*, Mt. 18, 3-6 et 19, 4; Luc 9, 47-48; Marc 8, 36-37 et 42; 10, 13-16.
283. S. JUSTIN, *Apologie*, III, 2.
284. *Ad Polycarp.*, V, 2.

Les sanctions prévues par l'Église pour ceux qui contrevenaient à sa réglementation, variaient selon la gravité de la faute: pénitences, excommunication, exclusion de la communauté des fidèles. Les premiers chrétiens vivaient un peu en marge de la société et se rassemblaient en communautés au sein desquelles on commençait à appliquer ces nouvelles règles. Cela n'empêchait pas l'État de conserver sa juridiction sur le mariage. Les lois de Constantin, sous l'influence des principes chrétiens, régirent contre la liberté du divorce qui, sans être aboli, fut assorti de peines. L'Église n'obtient pas encore à ce moment que l'indissolubilité soit reconnue comme un principe absolu. En 409, le concile de Carthage réclamait encore qu'une loi impériale défendît aux époux divorcés de contracter un nouveau mariage.[285] Petit à petit, cependant, les résolutions contenues dans les canons des conciles furent approuvées par le pouvoir civil. Cela prouve que l'influence de l'Église dans les affaires de l'État ne faisait que grandir.

1. Les fiançailles

En droit romain, les fiançailles étaient entourées d'une certaine solennité. Leur usage était d'ailleurs spécifiquement romain et n'avait cours sous cette forme ni en Grèce, ni en Orient, ni chez les Germains.[286]

Elles ne constituaient pas un acte juridique mais avaient un caractère familial, social et religieux. Il semble bien que, dès l'époque classique, la femme ait pu se fiancer librement: elle ne contractait pas, par cet acte, d'obligation au mariage. Les fiançailles marquaient, pour les Romains, une première étape de l'acte consensuel qu'était le mariage dans la forme classique. Le mariage était d'ailleurs pour eux beaucoup plus proche de

---
285. A. ESMEIN, *Le Mariage en droit canonique*. Paris, 1891, p. 8.
286. J. GAUDEMET, «L'Originalité des fiançailles romaines», *Jura* VI (1955), pp. 47-77.

notre conception des fiançailles que du mariage tel qu'il fut ensuite défini par l'Église, à cause de son indissolubilité. Au Bas-Empire, l'on vit cependant les ruptures de fiançailles injustifiées sanctionnées de peines: sans doute peut-on y voir une préparation au principe de l'indissolubilité.

Les chrétiens reprirent l'usage de l'anneau de fiançailles en fer ou en or porté à l'annulaire gauche.[287] Il représentait non seulement les arrhes destinées à garantir la promesse de mariage[288] mais était aussi considéré comme le symbole de la parole donnée par le fiancé: c'était l'*anulus fidei*. Déjà, dans la Rome ancienne, le fiancé avait coutume d'apporter des cadeaux à sa fiancée, mais cet usage prit beaucoup plus d'importance au Bas-Empire. La future épouse pouvait désormais recevoir des terres, de l'argent, des bijoux. Elle-même ne faisait que très rarement des cadeaux au jeune homme. Ces donations, garantie des fiançailles, furent considérées comme irrévocables.[289] Curieusement, les donations interdites entre époux (S.C. Velléien) étaient permises entre fiancés. Lorsque la promesse de mariage n'était pas respectée, la fiancée bénéficiait du *privilegium inter personales actiones*. Outre l'habitude d'offrir des cadeaux, l'on assista à l'installation d'une coutume orientale, celle appelée *arrhae sponsaliciae*. Au quatrième siècle, sous les empereurs Valens, Valentinien et Gratien, cette pratique fut adoptée en droit romain et réglementée sévèrement, puisque le père de la jeune fille, ou la jeune fille si elle était *sui iuris*, furent tenus de rendre les arrhes au quadruple si les fiançailles étaient rompues d'une manière injustifiée. À propos des *arrhae sponsaliciae*, L. Anné constate très justement que:

---

287. AULU-GELLE, *Nuits attiques*, X, 10. Il y aurait eu, dans ce doigt, un nerf relié au coeur.

288. L. ANNÉ, *Les Rites de fiançailles et la donation pour cause de mariage sous le Bas-Empire*. Louvain, 1944, p. 527.

289. *Code Théodosien*, III, 5, 8, 2. Constantin décrète que, dans le cas d'une rupture injustifiée, la partie coupable doit soit rendre les dons, soit les abandonner.

...dorénavant les présents sont offerts moins par affection que par intérêt, moins pour faire une largesse à la future épouse que pour la lier plus étroitement.[290]

En réalité, si l'Église n'a pas découragé cet aspect des fiançailles, c'est qu'elles étaient, dans son optique, une étape importante de l'engagement indissoluble du mariage. Ces coutumes furent reprises aux Romains, car les fiançailles hébraïques avaient un caractère beaucoup moins net que les *sponsalia* et ne revêtaient pas l'aspect consensuel si caractéristique du mariage romain.

À ces habitudes s'ajoutait celle du *ius osculi*, qui n'existait pas encore à Rome sous la République, ni tout au début de l'Empire. Le baiser échangé des fiancés paraissait, aux yeux des Romains, un engagement très sérieux. Ovide lui-même, poète de l'amour et libertin, avait l'impression que ce baiser portait atteinte à la pudeur de sa fiancée. Quant à Quintilien, il considérait presque comme mari et femme des fiancés pubères qui se le seraient donné. Évidemment, plus tard, sous l'Empire, avec l'évolution des moeurs, il n'en fut plus ainsi. Les fiançailles elles-mêmes furent aussi de plus en plus assimilées au mariage. Tertullien connaissait l'usage du baiser de fiançailles et son jugement se rapproche de celui de Quintilien: «par le baiser, la jeune fille n'est plus une simple fiancée, elle est presque une épouse».[292]

Un simple baiser avait donc, aux yeux des Romains, une fort grande importance et leur semblait engager profondément la pudeur de la jeune fille. Ne nous étonnons donc pas que l'acte charnel ait pu prendre, aux yeux des chrétiens qui avaient remis l'idéal de la femme des anciens Romains à l'honneur, un caractère définitif et indissoluble.

---

290. L. ANNÉ, *Les Rites de fiançailles et la donation pour cause de mariage sous le Bas-Empire*, p. 529.
291. QUINTILIEN, *Déclamations*, cc LXXV.
292. TERTULLIEN, *De virg. velandis*, XI.

Il semble qu'au quatrième siècle, la pratique du baiser de fiançailles — usage qui existait par ailleurs en Grèce, en Orient, en Espagne — était bien entrée dans les moeurs. En effet, en 336, Constantin lui donna des effets juridiques destinés à se répercuter sur les donations anténuptiales. Si la fiancée venait à mourir après qu'avait eu lieu l'échange du baiser de fiançailles, le fiancé ou ses héritiers ne pouvaient plus réclamer que la moitié des donations anténuptiales. C'est une preuve de plus de l'importance qui était accordée à ce baiser. Il apparaissait comme le symbole du sacrifice que la fiancée ferait, un jour, de sa virginité à son fiancé. Il marquait aussi l'estime dans laquelle l'Église tenait la virginité.

En principe, les fiançailles ne constituaient pas une obligation au mariage, puisque celui-ci devait être un acte libre. Cependant, leur rupture injustifiée exposait à des peines, dans certains cas bien spécifiques. Le canon 54 du Concile d'Elvire concernait les parents qui *fidem sponsaliorum frangunt*. Si des parents ne respectaient pas les promesses de mariage, ils étaient exclus de la communion pendant trois ans. Cette rupture ne se justifiait que dans le cas où la fiancée ou le fiancé aurait commis une faute très grave. La faute très grave était sans doute une faute charnelle, puisque le canon spécifiait que «si les fiancés ont péché ensemble, la première disposition seule subsiste, c'est-à-dire que les parents ne peuvent plus les séparer»

Ceci nous donne l'occasion de scruter un peu quel pouvait être le rôle des parents dans la conception chrétienne du mariage. En droit romain, les enfants qui n'étaient pas *sui iuris* restaient soumis à la *patria potestas* et l'intervention parentale était nécessaire pour qu'ils puissent se marier. Lorsqu'ils n'y étaient plus soumis, ils étaient libres de contracter une union maritale, mais la jeune fille avait encore besoin de *l'auctoritas tutoris* pour effectuer la *conventio in manum* devenue assez rare sous l'Empire. Il apparaît donc que les futurs époux avaient l'occasion de manifester librement leur consentement à une union maritale. L'Église ne s'y opposa pas, car c'eût été contraire à l'esprit du mariage chrétien, puisque celui-ci, étant par principe indissoluble, devait être contracté par des personnes libres d'engager toute leur vie. Les Pères insistèrent, à plusieurs reprises, sur le rôle de conseillers que les parents avaient à jouer auprès de leurs enfants. Ce rôle faisait partie de leurs devoirs envers une progéniture dont ils étaient responsables devant Dieu. S. Augustin estimait que la mère avait un rôle décisif dans le cas du mariage de sa fille:

> ... quand il s'agit de marier une jeune fille, la nature demande, ce me semble, que la volonté de la mère soit suivie préférablement à toute autre, à moins que la jeune fille ne soit en âge d'avoir le droit de choisir ce qu'elle veut.[293]

Il ne faudrait pas en déduire cependant que seule la jeune fille pubère fût libre de choisir un époux. En effet, le mariage n'était pas valide, à Rome, sans le consentement de la *filiafamilias*. Ce consentement pouvait être passif jusqu'à ce qu'elle ait atteint l'âge de réaliser l'engagement pris en son nom par ses parents ou son tuteur.[294] Il y a, chez Papinien, un texte prouvant bien que le consentement du père de famille ne suffisait pas à créer le mariage. Il fallait, pour qu'il soit juridiquement valable, que les fiancés aient pu manifester leur volonté réciproque d'être mari et femme.[295] M. Volterra a fait par ailleurs remarquer que:

> È facile presumere che nella maggior parte di casi la figlia si sottometeva alla volontà paterna, accettando il marito che le veniva destinato. Data la posizione del *paterfamilias*, doveva essere ben raro il caso che una *filiafamilias* si rifiutasse di compiere il matrimonio con l'uomo nei confronti del quale il padre aveva assunto l'obligo di *dare la filia*. Ma erà non mutava la situazione giuridica che abliamo illustrato, cicè

---

293. S. AUGUSTIN, *Lettres*, 254.

294. E. VOLTERRA, *Sul consenso della filiafamilias agli sponsali*. Rome, 1929, pp. 1-5. «Ancora sul consenso della filiafamilias agli sponsali.» *Riv. It. per le Scienze Giuridiche* (1935), XII, pp. 1-11.

295. D. 23, 2, 34: «Generali mandato quaerendi marite filiaefamilias non fieri nuptias rationis est; itaque personam eius patri demonstrari, qui matrimonio consenserit, ut nuptiae contrahantur, necesse est.»

che il matrimonio non poteva costituirsi in base alla sola volontà del *parterfamilias* e del futuro marito.[296]

S. Ambroise reconnaissait aux jeunes filles la liberté de préférer le candidat de leur choix ou même de le refuser.[297] Il semble bien que l'Église ait particulièrement insisté sur cet aspect du mariage, non seulement à cause du principe établi par le Christ de l'égalité de l'homme et de la femme, mais aussi à cause de l'indissolubilité. Désormais, le mariage ne reposait plus, comme chez les Romains, sur la volonté persistante des époux de rester unis par le mariage, mais sur la volonté initiale considérée comme les liant définitivement. Il fallait donc que cet engagement puisse être pris en toute connaissance de cause.

2. Empêchements au mariage

Petit à petit, l'Église imposa certaines interdictions au mariage pour les chrétiens. La toute première fut évidemment la disparité de cultes entre les futurs conjoints. S. Paul ne considérait pas comme indissoluble l'union contractée avec un païen ou une païenne. On sait que cette exception a pris le nom de privilège paulin. C'était, en fait, une exception à la loi naturelle, mais non à la loi évangélique, car il considérait que le mariage conclu avec un païen n'est pas un vrai sacrement.

> Si quelque frère a une femme païenne et qu'elle consente à vivre avec lui, qu'il ne la répudie pas. Si une femme a un mari païen, et qu'il consente à vivre avec elle, qu'elle ne répudie pas son mari. S'il en était autrement, vos enfants seraient impurs, tandis qu'en réalité, ils sont saints. Si la partie païenne veut se séparer, qu'elle se sépare. Dans ces sortes de cas, le frère et la soeur ne sont pas enchaînés[298]

---

296. E. VOLTERRA, *Osservazioni intorna agli antichi sponsali romani*. Milan, 1962, p. 16.

297. S. AMBROISE, *De virg.*, I, 9, 56; *De virg.*, I, 5, 25.

298. *I Cor.* VII, 12.

Il est donc question ici d'un mariage entre deux infidèles, dont l'un se serait converti par la suite. L'époux, devenu chrétien, doit respecter la règle de l'indissolubilité, sauf si le conjoint païen veut le quitter. La séparation serait admise aussi dans le cas où la foi du converti serait en péril.

Ces mariages mixtes furent inévitablement fort nombreux aux premiers siècles de l'ère chrétienne. S. Ambroise mettait fortement en garde les jeunes filles contre ce genre d'union, sans qu'il lui fût loisible cependant de les en empêcher véritablement.[299] S. Augustin les déconseilla à son tour.[300]

Les conciles firent écho à ces préoccupations des Pères, surtout au début du quatrième siècle et au milieu du cinquième. Ils interdirent les mariages mixtes et prévirent des sanctions pour les parents qui incitaient leurs enfants à de telles unions ainsi que pour les conjoints eux-mêmes. Le Concile d'Elvire (vers 300) se montra très sévère pour les jeunes filles qui épouseraient des hérétiques ou des Juifs, parce que ceux-ci ne resteraient pas indifférents à la religion de leurs épouses et se montreraient peu conciliants pour l'éducation religieuse des enfants.[301] Il fallait être tout aussi rigoureux pour une jeune fille qui épouserait un prêtre païen, car il pourrait l'amener à participer au culte.[302]

M. Gaudemet fait remarquer que l'on va retrouver, dans les lois civiles, des dispositions parallèles à celles prises par l'Église.[303] L'empereur Constance prévoyait la peine de mort pour un Juif qui épouserait une chrétienne.[304] Théodose assimilait le mariage entre Juif et chrétien à l'adultère si bien qu'il

---

299. *Exp. ev. sec. Luc.*, VIII, 8; *Ep* 19, 2, 7.

300. *Ep.* 256; *De adult. coniug.*, I, 921, 26 et 25, 31.

301. Concile d'Elvire, can. 16.

302. *Ibid.*, 17. Cf. aussi Concile d'Arles (314), can. 11; Concile d'Hippone (393), can. 12; Concile de Carthage, can. 12; Concile de Chalcédoine (451), can. 14; Concile Laodicée, can. 10 et 31.

303. J. GAUDEMET, *L'Église dans l'Empire romain*. Paris, 1958, p. 526.

304. *Code Théodosien*, 16, 8, 6.

était puni de la même manière. Aucune sanction n'était pourtant prévue contre les mariages entre païen et chrétien: ce qui est, en fait, de bon sens, car ils étaient très fréquents. Le Concile d'Elvire les blâmait mais ne prit contre eux aucune mesure disciplinaire; les païens ne contrariaient pas, en général, la foi de leurs épouses et leur laissaient la responsabilité de l'éducation des enfants.

La législation canonique s'accorda avec le droit romain pour interdire les mariages entre proches parents, cousins germains inclus. Le Code Théodosien[305] interdit le mariage entre oncle et nièce, type de mariage qui avait été permis à Rome pour faciliter l'union de Claude et Agrippine, ainsi que celle de Domitien et de sa nièce. Le Concile d'Elvire[306] assimile la belle-famille à la propre famille: un veuf ne peut donc pas épouser la soeur de sa première femme.

Le concubinage antérieur à un véritable mariage ne constituait pas un obstacle à celui-ci. S. Augustin en témoigna dans le *De bono coniugalis* (14): il avait dû lui-même abandonner une concubine, dont il avait un fils et à laquelle il était très attaché, pour pouvoir épouser une jeune fille de bonne famille. Contrairement au droit romain qui interdisait le mariage de l'adultère avec son complice (*Lex Julia de adulteriis*), L'Église encourageait la régularisation de telles situations, lorsque les partenaires étaient libérés de leurs engagements précédents.

Cette disparité entre les deux législations provenait de la différence d'esprit dans lequel elles étaient conçues. Le droit romain ancien avait toujours mis l'accent sur la préservation de la pureté du sang romain. Ce souci présidait à toutes les mesures qu'il prenait dans les questions relatives au mariage. Le christianisme, étant venu proclamer l'égalité morale des hommes, des femmes et des esclaves, l'Église n'avait plus à tenir compte de critères tels que la pureté du sang, mais bien plutôt de la pureté morale.

---

305. *Ibid.*, 3, 12, 1.
306. Concile d'Elvire, can. 61.

C'est dans le même esprit qu'elle adopta une attitude différente de celle des juristes romains, dans le cas des mariages, entre esclaves et personnes de condition libre. L'on sait que depuis le S.C. Claudien, la femme libre qui avait des relations avec un esclave d'une autre maison était réduite en servitude.[307] L'Église reconnut d'abord les unions entre esclaves comme de véritables mariages religieux, alors qu'ils étaient juridiquement sans effets. Elles interdit le partage, si fréquent, des familles serviles et le droit séculier, sous Justinien, ratifia cette mesure.[308]

La dualité qui existait entre la législation civile et religieuse apparaît très clairement lors d'une décision prise par le pape Calixte sur les mariages avec des esclaves. L'Église ne parvint pas à faire modifier la législation laïque dans ce cas, et, dans le code Justinien, l'union servile reste un *conturbenium*.[309]

Calixte permit à des femmes de qualité qui n'étaient pas encore mariées et qui désiraient convoler sans perdre leur rang de contracter une union avec un esclave ou un homme de basse origine. Il faut souligner qu'à cette époque, les chrétiennes de classe distinguée trouvaient difficilement un époux chrétien de leur rang. Les hauts personnages restaient plus attachés aux anciennes pratiques païennes, soit par manque d'intérêt pour les questions religieuses, soit par opportunisme. Tertullien a dénoncé vigoureusement les chrétiennes qui préféraient épouser des «esclaves du diable» plutôt que des esclaves chrétiens, pour garder leur rang.[310] Des inscriptions attestent pourtant le contraire: par exemple, une épitaphe nous renseigne sur l'émoi d'un esclave qui, ayant épousé son «excellente maîtresse», avoue n'oser prendre place à ses côtés dans le tombeau de ses aïeux.[311]

---

307. Emilia Lepida, femme de Drusus, fut condamnée pour avoir eu des relations avec un esclave. Voir TACITE, *Ann.*, VI, 40.

308. *Code Justinien*, 3, 38, 11.

309. *Nov.* 22, ch. 10, 11, 17.

310. TERTULLIEN, *Ad uxor*, II, 8.

311. ORELLI 3024.

Le pape Calixte permit donc l'union monogame d'une femme de condition avec un esclave, mais sans pouvoir la déclarer légitime, car une telle juridiction n'était pas de son ressort. Il ne se soucia pas non plus de la validité de ce mariage au point de vue de la législation canonique car, à cette époque (début du troisième siècle), on n'avait pas encore tenté d'élaborer un véritable droit matrimonial.[312] En fait, le pape cherchant à concilier la morale chrétienne et la morale païenne, pour éviter un plus grand mal, permit le concubinat, tout en s'assurant que cette union serait monogame et indissoluble. Ainsi, la pureté morale de la femme, souci constant de l'Église, était préservée.

Plus tard, Justinien abrogea le S.C. Claudien et respecta la liberté de la femme et des enfants nés de telles unions.[313] Par contre, il permit au maître de l'esclave de le punir sévèrement pour avoir contracté une telle union.

Il était pourtant un cas où l'Église interdisait le mariage d'une femme libre avec un esclave: c'est lorsqu'il s'agissait d'un *comati* ou *viri cinerarii*.[314] Nous retrouvons ici la constante aversion de l'Église pour les gens de théâtre. Dans le premier cas, il s'agissait d'homme à cheveux longs, sans doute des coiffeurs étrangers, et peut-être des eunuques. Souvenons-nous des insidieuses accusations de Juvénal et de Martial:[315] ils les soupçonnaient de servir à satisfaire les passions de leurs maîtresses. Une fois encore, l'Église prenait des mesures pour garder intacte la vertu des chrétiennes.

De son côté, le droit post-classique attribua de plus en plus d'effets juridiques aux fiançailles, sans doute aussi dans le

---

312. J. GAUDEMET, «La Décision de Calixte en matière de mariage», *Studi in onore di E. Paoli*, Florence (1955), pp. 333-344.

313. *Code Justinien*, 7, 24, 1.

314. Concile d'Elvire, can. 67: «De conjugio catechumena foeminae. Prohibendum ne qua fidelis vel catechumena aut comatos aut viros cinerarios habeant; quaecumque hac fecerint, a communia ne arceantur.»

315. JUVÉNAL, *Satires* VI, 366 *sqq*.; Martial, *Épigr.*, I, VI, 67.

but de préserver la réputation de la jeune fille. Les relations sexuelles avec la fiancée sont considérées comme un adultère.[316] Le meurtre du fiancé ou de la fiancée, des futurs beaux-parents, du futur gendre ou de la bru de la part d'une des deux parties, est considéré comme un parricide.[317] Par ailleurs, les fiançailles constituent un empêchement au mariage de l'ex-fiancée et de ses ascendants avec les descendants du fiancé, entre la mère de la fiancée et le fiancé.[318] Les règlements sont presque aussi sévères pour les fiançailles que pour le mariage: ceci prouve à quel point les deux statuts tendaient à se confondre.

Certaines mesures semblent même vexatoires. Par exemple, dans le cas d'un magistrat de province, si ses fiançailles avec une jeune fille qui sera par la suite sous sa juridiction, ont été conclues avant sa nomination par le tuteur et le curateur de le jeune fille, il peut l'épouser. Autrement, il ne le peut pas.[319]

La juridiction civile prévoyait d'autres empêchements aux fiançailles comme au mariage; par exemple, l'interdiction pour le fils d'un tuteur de se fiancer avec la pupille de son père. Il y avait aussi des défenses concernant les fiançailles des sénateurs avec les filles d'esclaves ou les femmes de théâtre.[320] L'Église n'était pas la première à se méfier du monde du spectacle. Ces derniers règlements existaient déjà à l'époque classique, alors que les autres mesures datent du quatrième siècle. Les fiançailles étaient considérées comme un engagement à réaliser un mariage. On leur appliquait donc les mêmes normes. Ceci eut comme corollaire de créer des liens obligatoires entre les époux auxquels le droit attribua des effets bien déterminés. Le nouveau type de fiançailles correspondait déjà

---

316. D.48, 5, 14, 3; D.48, 5, 7; C.9, 9, 7.
317. D.48, 9, 3; D.48, 9, 4.
318. D.23, 2, 12, 1-3; D.23, 2, 14, 4.
319. D.23, 2, 36; D.48, 5, 7; D.23, 2, 66.
320. D.23, 1, 16; D.23, 1, 15; D.23, 2, 60, 5.

davantage aux conceptions chrétiennes et avait aussi subi des influences orientales.[321]

Puisque le christianisme avait en si haute estime la pureté des moeurs, il fit en sorte que les fiançailles et le mariage soient réglementés de façon à la préserver à tout prix. Cet état d'esprit ne faisait que rejoindre celui qu'avaient entretenu dans les siècles passés les vieux Romains. La juridiction canonique, parfois plus exigeante, avait cependant des côtés moins formalistes que les règlements juridiques. Tous deux cheminaient côte à côte, essayant de rejoindre tous les aspects de la réalité sans y parvenir toujours. Ils tentèrent de restaurer et de garder la valeur d'une institution dont ils sentaient que la pureté était essentielle non seulement pour la bonne marche de la société, mais encore, dans une optique eschatologique, pour le salut de l'humanité. La femme n'y était certes pas oubliée et l'on tenait à soutenir sa vertu.

3. Cérémonies du mariage

Il semble que l'Église n'ait gardé de la législation civile que ce qui n'allait pas à l'encontre de l'esprit chrétien. Elle voulut insister sur le caractère sérieux du mariage, puisqu'il engageait deux vies d'une manière irréversible.

Il n'est pas exact, comme le soutient Ritzer,[322] que les Montanistes aient été les seuls à soumettre la conclusion du mariage au jugement de l'évêque et de la communauté. Rappelons-nous les objurgations de s. Ignace d'Antioche à ce sujet.[323] Les communautés chrétiennes étant assez réduites, l'évêque pouvait connaître individuellement chacune de ses ouailles et, par conséquent, les conseiller dans leurs décisions.

---

321. E. VOLTERRA, «*Sponsali*» *Novissimo Digesto italiano*, p. 10.

322. RITZER, *Le Mariage dans les Églises chrétiennes du premier au onzième siècles*. Paris, 1970, p. 91.

323. *Ep. ad Polyc.*, 5, 2.

La *Didascalie* encourageait aussi les parents chrétiens à «choisir pour leurs fils des femmes et à les marier»[324] Ceci devait être encore plus vrai pour les chrétiens de l'Église orientale ou africaine que pour ceux de Rome, où l'accord mutuel de l'homme et de la femme était l'élément essentiel du mariage.

S. Jérôme estimait qu'il était indigne qu'un prêtre jouât un rôle actif dans les mariages. Il semble bien que dans les premiers temps du christianisme, les pasteurs aient accepté d'intervenir comme agents matrimoniaux dans le but de protéger les moeurs des fidèles. S. Ambroise et s. Augustin craignaient beaucoup ce genre d'entremise pour le clergé, car ils pensaient que des époux qui ne s'entendaient plus pourraient un jour venir leur reprocher de les avoir mariés.

Lors des périodes de persécution, les chrétiens furent sans doute tenus à beaucoup de discrétion dans la célébration des noces. Ils eurent, en tout cas, comme premier souci d'éviter tous les aspects licencieux des coutumes païennes sans pour cela aller à l'encontre des législations en vigueur.[325]

Le matin de ses noces, la fiancée chrétienne, comme la jeune païenne, revêtait la *tunica recta* et disposait sur ses cheveux divisés en six tresses une couronne de myrte ou d'oranger qu'elle avait elle-même cueillie. Elle couvrait sa tête du *flammeum*.[326] La coutume de la couronne nuptiale fut combattue par plusieurs auteurs chrétiens, tels Clément d'Alexandrie, Minucius Felix[327] et Tertullien.[328] Il leur semblait que l'épouse, parée d'une couronne, ressemblait à une prostituée. Au troisième siècle, par contre, elle fut considérée comme le symbole de l'honneur, du mérite, de la victoire sur la chair, et elle devint

---

324. XIX, 11, 6.

325. Cf. ARNOBE, *Adv. nat.*, I, 2: «... ipsi homines denique non matrimonia copulant nuptiarum sollemnibus iustis.»

326. Le verbe latin, *nubere* signifiait originellement se voiler.

327. *Octavius* XII et XXXVIII.

328. *De corona*, 13.

la prérogative de la fiancée vierge.[329] L'on constatera une fois de plus, dans cette énumération, que nous sommes toujours en présence du modèle paradigmatique de la femme idéale. Si l'on en juge par les représentations que nous en donnent les sarcophages, le port de la couronne était général.[330]

Les cérémonies nuptiales commençaient à la maison de la jeune fille par la lecture du contrat paraphé ensuite par les témoins. La déclaration du *consensus* nuptial devait comporter une invocation à Dieu. Les Pères nous ont laissé très peu de renseignements à ce sujet, mais on a les textes des prières de la messe et de la bénédiction nuptiales. Tertullien témoigne de la jonction des mains par le prêtre, ainsi que de l'imposition du voile. «Ravi d'un tel spectacle, le Christ envoie sa paix aux époux chrétiens. Là où ils sont, le Christ est aussi.»[331]

La cérémonie de la *dextrarum junctio*, ancienne coutume romaine, a subi quelques modifications. Quant au rôle de la *pronuba*, il a pu être rempli jusqu'à la fin du quatrième siècle par une veuve ou une diaconesse, mais, par la suite, c'est au prêtre qu'il échut. L'évêque signait les *tabulae matrimoniales* ou contrat de mariage après qu'il fut lu publiquement.

L'imposition du voile était, en réalité, le rite principal de la bénédiction nuptiale et n'était suivie que de la conclusion. S. Ambroise considérait le mariage chrétien comme sanctifié par le voile sacerdotal et la bénédiction.[332] Cette coutume était générale durant les premiers temps du christianisme. Le sacramentaire léonin l'appelle la *nuptialis velatio*. L'on récitait à ce moment des prières qui recommandaient la fidélité à l'épouse et appelaient sur elle la fécondité. Comme chez les Romains déjà, la réussite du mariage semblait dépendre des seules quali-

---

329. L. ANNÉ, *La Conclusion du mariage dans la tradition et le droit de l'Église latine jusqu'au VI⁰ siècle*, p. 533.

330. HAMNAN, *Des premiers chrétiens*. Paris, 1971, p. 233.

331. TERTULLIEN, *Ad uxor* II, 8. 9.

332. S. AMBROISE, *Epist.*, XIX, 7.

tés de la femme. Plus tard, le *velamen* fut jeté sur les épaules des deux époux puisque, fait remarquer s. Ambroise, une «même loi continue à unir les époux qu'ils soient présents ou absents, c'est un lien d'amour conjugal noué inexorablement par le joug de la bénédiction nuptiale».[333]

On a cru longtemps que l'usage de l'imposition du voile était d'origine juive, mais il semble qu'il s'agisse plutôt d'un rite romain modifié dans son esprit. Il n'a d'ailleurs existé que dans l'Église d'Occident et la couleur pourpre du voile rappelait également le voile des fiancées romaines. Désormais l'Église l'imposait aussi au mari pour le rendre conscient de l'engagement qu'il prenait avec son épouse. Nous constatons donc un progrès vers l'égalité des devoirs entre époux.

À la nuit tombée, chez les Romains, avaient coutume d'éclater les chants fescennins, mais l'Église réprouva sévèrement leur trivialité. Cependant, à la fin de la célébration religieuse, les parents de la mariée invitaient leurs amis à un banquet et l'épouse était ensuite conduite à son nouveau domicile. C'est ce qu'on appelait la *deductio in domum*. L'évêque ou son délégué pouvait être invité au banquet nuptial, exceptionnellement les clercs. Ils étaient incités à ne pas participer à des réjouissances qui auraient pu devenir licencieuses. Lors des premiers temps du christianisme, la communauté des chrétiens devait prendre une grande place dans les festivités. L'invocation païenne aux dieux protecteurs du foyer et de la fécondité fut remplacée par la *benedictio thalami*. Elle n'est signalée dans la littérature chrétienne qu'à partir du sixième siècle, mais elle a pu être en usage avant cette date.

Les chrétiens reprirent dans l'ensemble les cérémonies du mariage romain. Ils n'en supprimèrent que la prise des haruspices et les invocations aux dieux, mais ils transformèrent par contre tout l'esprit des rites du mariage de la Rome païenne.

---

333. *Hexameron*, V, 17, 18. «Eadem lex praesentes absentesque connectit: idem naturae vinculum inter distantes et consistentes conjugalis caritatis juro constrinxit; eodem jugo benedictionis utriusque colla constrinxit.»

La fiancée restait «l'héroïne», si l'on peut dire, des cérémonies, car elle était concernée par plus de rites que le futur époux, par exemple la toilette et la couronne nuptiales ainsi que les prières pour lui obtenir fidélité et fécondité. Il nous semble cependant que le christianisme ait modifié peu à peu certains aspects très positifs du mariage romain. Cette évolution se fit sans doute sous l'influence des coutumes sémitiques. Tertullien et s. Augustin venaient d'Afrique du Nord et ils exercèrent, grâce à leurs talents, une très grande influence sur l'élaboration d'une réglementation canonique du mariage. Ils y introduisirent un esprit fort éloigné de celui du consensualisme romain, car même si le Christ était venu proclamer l'égalité morale de l'homme et de la femme, les peuples sémites continuaient à considérer la femme comme une sorte d'esclave. S. Augustin nous a laissé un témoignage très clair mais fort accablant de cet état de choses lorsqu'il fait l'éloge de sa mère en ces termes:

> Dès qu'arriva pour elle l'âge de se marier, elle *fut donnée* à un mari qu'elle servit «*comme le Seigneur*» ... Bon nombre de femmes, dont les maris étaient doux, n'en portaient pas moins des *traces de coups*, au point que leur *figure en était parfois tout abîmée*. Dans leurs conversations entre amies, elles incriminaient les procédés de leurs maris. Ma mère, elle, incriminait leur langue, et avec l'air de plaisanter, elle leur donnait ce sérieux avis, qu'*à dater de l'heure où elles avaient entendu la lecture de leur contrat de mariage, elles auraient dû considérer cette pièce comme le document qui les faisait esclaves: qu'elles devaient donc se rappeler leur condition et ne pas faire les fières avec leur mari.*[334]

En fait, l'Église professa envers les femmes une attitude ambiguë. D'une part, elle proclamait l'égalité de la femme et tentait de revaloriser son rôle ainsi que de la protéger contre l'exploitation de l'immoralité. D'autre part, elle insistait pour que cette liberté, en fait toute théorique, soit mise sous la tutelle du mari, car elle invoquait la faiblesse de sa nature. Elle s'appuyait pour cela sur le récit mythique de la Genèse qui

---

334. S. AUGUSTIN, *Confessions*, IX, 19.

reflétait la conception sémite du rôle de la femme. Cette conception n'était pourtant pas celle que les Romains avaient mise à l'honneur. C'est le désarroi moral qui régnait à Rome que l'on doit considérer comme la cause de l'implantation de cet esprit nouveau: l'on sentait le besoin d'une réforme. Les exigences du christianisme en cette matière avaient le grand mérite, pour les Romains, de très bien se prêter à une législation, puisqu'elles définissaient clairement le rôle de l'homme et de la femme dans la société conjugale. L'homme jouait le rôle du maître et on le comparait à celui du Christ, tandis que la femme lui était soumise comme l'Église à son fondateur. Les liens d'amour qui les unissaient seraient à l'image de cet idéal transcendantal, indéfectibles et féconds et pour la femme marqués aussi du sceau de la soumission.

4. *Divorce. Indissolubilité du mariage chrétien*

L'Église considérait le mariage comme une union sainte et elle tint à marquer dans les faits cette qualité. Pour cette raison, elle fit respecter les lois originelles de l'indissolubilité et de l'unité énoncées par le Christ. Elle ne put cependant exiger de l'État romain qu'il renonçât à sa législation, mais elle ne manqua pas de rappeler sans relâche aux chrétiens qu'ils ne pouvaient se prévaloir des facilités de divorce accordées par les lois civiles.

En effet, le droit romain reconnaissait à l'homme comme à la femme le droit de divorcer. L'on se souviendra aussi que les lois d'Auguste avaient pour but d'éviter au mari l'accusation de *lenocium* s'il continuait ou reprenait la vie commune avec une femme accusée d'adultère. En droit post-classique, il risquait d'être accusé de *tergiversatio*.[335]

---

335. E. VOLTERRA, «Alcune innovazioni giustiniae al sistema classico di repressione dell'adulterio», *Reale Istituto Lombardo di Scienze e Lettere*. Milan, 1930.

Les empereurs des premiers siècles continuèrent à légiférer dans l'ancien esprit des traditions juridiques et sociales. Les changements ne s'opérèrent que très lentement. Le divorce avec consentement des deux parties resta toujours civilement impuni. Nous sommes donc encore loin de la loi de l'indissolubilité. Constantin[336] va prévoir des punitions graves pour les cas de divorce unilatéral. Celui-ci est permis dans trois cas bien précis. Pour la femme, lorsque son mari est accusé d'homicide, de violation de tombe ou d'être un empoisonneur. Pour l'homme, lorsque sa femme est accusée d'adultère, d'empoisonnement ou d'être une entremetteuse. Dans les cas autres que ceux-ci, la femme encourt des sanctions comme la perte de sa dot et de tous ses biens, ainsi que l'exil. Quant au mari, il devra rendre la dot; et s'il se remarie, sa première femme peut envahir sa maison et s'emparer de la dot de la seconde femme.

Julien l'Apostat abrogea la loi de Constantin, déjà un peu teintée de l'esprit du christianisme. En 421, Honorius et Constance II instaurèrent un système plus large. Ils firent la distinction entre les raisons qui justifiaient une répudiation et celles qui ne pouvaient être invoquées. Lorsque le divorce était excusable pour des motifs graves, la femme était autorisée à reprendre sa dot et les donations dotales, et l'homme, les donations dotales. Dans les cas de divorces *sine causa*, la femme perdait sa dot et les donations et elle ne pouvait se remarier: les mêmes peines étaient prévues pour le mari. Dans tous les cas où le divorce était justifié, la femme pouvait être condamnée à la déportation. Dans la *Novella* 12, datant de 436, Théodose II, estimant les législations précédentes trop souples, les abrogea. En 449, Théodose et Valentinien remirent en vigueur le système de Constantin. Ils reconnurent quatorze *iustae causae* dans lesquelles le divorce était permis pour l'homme comme pour la femme. Les peines prévues pour les divorces non justifiables étaient la perte de la dot et de la donation nuptiale ainsi que, pour la femme, la défense de se remarier avant cinq ans. Cette dernière peine n'était pas prévue pour les hommes.

---

336. *Code Théodosien*, 3, 16, 1.

La législation de Justinien fut encore nettement plus complexe que celle de ses prédécesseurs. Ses réformes tinrent compte de l'esprit de l'Église et se firent progressivement dans de multiples constitutions.[337] Il supprima tout d'abord les causes de dissolution forcée du mariage: celles-ci étaient la captivité, la perte du droit de cité et la déportation. Le divorce devint désormais plus difficile à obtenir. Il nécessitait, par exemple, la présence de sept témoins lors de l'envoi du *repudium*. Les parents, s'ils étaient encore vivants, furent appelés à donner leur autorisation au divorce de leurs enfants. Le mariage restait valable au cas où toutes les formalités n'auraient pas été respectées.

Justinien distinguait différentes modalités de divorce. L'on reconnaissait d'abord le divorce par consentement mutuel qu'il avait tenté de supprimer en 542: celui-ci pouvait intervenir après une faute. L'inspirateur de cette réforme fut, croit-on, l'évêque Pélage: ce dernier avait d'ailleurs fait construire un monastère-prison pour accueillir les épouses coupables. En 566 (*Novella* 140), l'Empereur rétablissait le divorce par consentement mutuel qu'on appelait *bona gratia* parce qu'il n'entraînait aucune conséquence pénale pour les parties. Il s'agissait d'un divorce décidé par un des époux sans qu'il y ait eu faute d'aucune des deux parties. Certains divorces *bona gratia* étaient prévus dans des cas de folie, d'entrée en religion ou de vœu de chasteté fait par l'un des époux, d'une captivité de cinq ans ou encore de la réduction en esclavage d'un des partenaires. Le *repudium ex justa causa* intervint lors de l'adultère de l'un des conjoints ou d'une tentative de meurtre ou de l'abandon du domicile conjugal. La décision peut être prise unilatéralement contre l'époux fautif: celui-ci est frappé aussi de peines pécuniaires plus ou moins lourdes. Quant au *repudium sine justa causa*, répudiation unilatérale sans cause, il est considéré comme une faute grave et donc assorti de peines pécuniaires très fortes au profit du conjoint répudié. En cas de

---

337. Les principales datent de 533, 535, 542, 548 et 569.

divorce, les enfants restaient en principe avec le père, sauf si celui-ci se conduisait mal.[338]

L'État avait conservé la juridiction sur le mariage et ses tribunaux restaient seuls compétents pour les litiges en ce domaine. Les évêques eurent cependant le droit de statuer sur des causes civiles lorsque les deux parties s'accordaient pour les leur soumettre. Ils jouaient dans ces cas le rôle d'arbitre et le pouvoir civil devait alors exécuter leurs décisions.[339] C'est ainsi que, doucement, l'esprit du christianisme put influencer la législation. L'on a pu constater une évolution de la législation officielle dans les modalités de divorce. Mais, le *repudium* ayant toujours été permis, il n'était pas possible que l'Église puisse faire passer du jour au lendemain, et dans les moeurs et dans la juridiction, le principe chrétien de l'indissolubilité.

Pour imposer celui-ci, les Pères s'appuyaient sur des textes de l'Évangile et de s. Paul. Toujours très préoccupés par l'idéal de chasteté parfaite, ils tentèrent de l'introduire dans le mariage aussi. Ils auraient voulu que la vie des époux soit aussi chaste que celle de ceux qui avaient choisi une voie accessible à quelques élus seulement. C'est pour cette raison que la *copula coniugalis* fut considérée comme l'élément juridique et théologique essentiel au mariage. Puisqu'elle était permise aux gens mariés, il fallait donc, en contrepartie, qu'elle engage la fidélité des conjoints par des liens indissolubles. C'est pour cette raison que M. Orestano pouvait écrire très pertinemment:

> Nella doctrino christiana la nozione di matrimonio appare pressoche inscindibilmente connessa con la congiunzione fisica dei coniungi.[340]

---

338. E. VOLTERRA, «Divorzio», *Novissimo Digesto italiano*; J. ELLUL, *Histoire des institutions*, p. 628.

339. E. ESMEIN, *Le Mariage en droit canonique*. Paris, 1891, p. 9.

340. R. ORESTANO, «Alcune considerazioni sui rapporti fra matrimonio romano matrimonio cristiano nell' eta post classica», *Scritti di dir. rom. in onore di C. Ferrini*, Milan, 1943, p. 350.

Il n'en restait pas moins que l'indissolubilité était très difficile à démontrer en droit naturel. Elle ne trouvait de véritable justification que dans une optique eschatologique, celle que le Christ avançait pour prohiber la rupture du mariage. L'Église estima dès lors que la mort seule pouvait séparer ce que Dieu avait uni (1 Cor. 7,39). Les textes patristiques soulignèrent à maintes reprises l'opposition radicale qui existait entre la loi divine et la loi humaine.

C'est chez Marc (10, 2-12) et chez Matthieu (19, 3-12) que nous trouvons les paroles du Christ à propos de cette loi nouvelle. En effet, il répondit aux Pharisiens que l'homme ne pouvait séparer ce que Dieu avait uni. On se souvient de ce texte dont l'intransigeance effrayait. Jésus avait d'ailleurs ajouté «que celui qui peut comprendre comprenne». Il y avait, dans ce message, un double appel qui s'adressait non seulement aux gens mariés mais à tous ceux qui tenteraient de rester parfaitement chastes pour le royaume des Cieux. Il ne contenait cependant nulle condamnation pour ceux qui se sentaient incapables de poursuivre cet idéal.

Le texte de Matthieu (5, 32) contient une petite incise qui fut l'objet de nombreuses interprétations et de beaucoup de discussions exégétiques. Elle fait allusion à la séparation des époux autorisée à cause de l'adultère de l'un des deux époux et du remariage éventuel du conjoint innocent. L'authenticité de l'incise a été mise en doute. Il est cependant plus important pour notre propos de tenter de voir comment les premières générations de chrétiens et les Pères l'ont comprise. Il semble bien qu'elle fut interprétée d'une manière de plus en plus rigide qui fit peut-être oublier l'esprit dans laquelle elle fut écrite.

> C'est ainsi que la Bible, mais surtout l'Évangile, considère le problème de l'indissolubilité du mariage dans la lumière «dialectique» de l'idéal et du réalisme. Doctrine à la fois terriblement exigeante et profondément humaine, que la conscience chrétienne ne saisira pas toujours dans toutes ses conséquences, et que le légalisme enfermera peu à peu dans un

véritable carcan... tant il est plus rassurant de s'appuyer sur la lettre que de vivre de l'esprit.[341]

Les Pères de l'Église du deuxième siècle n'avaient pas encore de position très nette ni bien étayée théologiquement sur la question de l'indissolubilité. On trouve cependant chez le pasteur d'Hermas, qui jouissait d'une grande autorité dans l'Église primitive, des directives à ce sujet. Elles se ressentent des habitudes du monde romain, auxquelles se superpose la doctrine du Christ.

> Seigneur, dis-je, si quelqu'un a une femme qui croit dans le Seigneur et s'il la trouve en train de commettre l'adultère, le mari ne pèche-t-il pas à continuer à vivre avec elle? Tant qu'il l'ignore, dit-il, il ne pèche pas; mais si le mari connaît son péché et si la femme ne se repent pas, mais persiste dans sa fornication, l'homme continuant à vivre avec elle, il se rend coupable de sa faute et participe à son adultère (nous constatons l'influence romaine: l'accusation de *lenocium*). Que fera donc le mari, Seigneur, dis-je, si la femme persiste dans cette passion? — Qu'il la renvoie, dit-il, et que le mari reste indépendant; mais si, après avoir répudié sa femme, il en épouse une autre, lui aussi commet l'adultère (cf. Mc. 10 11; Luc 10, 8; Mt. 5, 32 et 19, 9). Si donc, Seigneur, dis-je, après sa répudiation, la femme se repent et veut revenir à son mari, elle ne sera pas reçue? Certes, dit-il si l'homme ne la reçoit pas, il pèche et il s'attire un grand péché, mais il faut recevoir le pécheur repentant, non plusieurs fois cependant: car pour les serviteurs de Dieu, il n'y a qu'une pénitence. À cause de cette pénitence, le mari ne doit pas se marier. La même pratique vaut pour l'homme et pour la femme.[342]

Il semble donc que l'adultère entraînât aux yeux de l'Église la rupture de la vie conjugale. Cette conception était en réalité assez proche de celle du droit romain mais s'en éloignait aussi, puisque le conjoint trompé pouvait pardonner à celui qui se repentait de sa faute. Le pasteur d'Hermas insistait aussi sur l'égalité de chance réservée à la femme et à l'homme dans ce

---

341. M. LECLERCQ, *Le Divorce et l'Église*. Paris, 1969, p. 34.
342. PASTEUR D'HERMAS, *Préceptes*, IV, 4-9.

domaine. Malheureusement, le droit canon tenta plus tard de consacrer la supériorité morale de l'homme.

> L'homme seul a été créé à l'image de Dieu, mais non la femme; en conséquence, la femme doit être la subordonnée, et presque la servante et l'esclave de l'homme.[343]

Devant la loi de l'indissolubilité, l'homme et la femme furent cependant toujours proclamés égaux. Il n'en était pas de même dans les faits, si l'on se souvient de Monique, la mère de s. Augustin, qui comparait son état de femme mariée à celui de l'esclave. Il était sans doute fort nécessaire de proclamer bien haut l'égalité des deux sexes devant la loi canonique régissant les questions d'adultère, de répudiation et d'interdiction du remariage.

Les auteurs de cette période, Justin, Athénagore, Théophile d'Antioche, Tatien, Irénée, Ptolémée le Valentinien, le Pseudo-Clément confirmèrent tous l'opinion d'Hermas tantôt sur un point, tantôt sur l'autre.

L'on connaît déjà avec quelle fougue Tertullien traitait de l'indissolubilité: il en fut question à propos des secondes noces. Pour sa part. s. Ambroise mit en garde ses catéchumènes contre l'adultère et affirma très clairement que le mari ne pouvait jamais contracter un vrai mariage tant que son épouse était vivante. Les chrétiens ne pouvaient, à ses yeux, profiter des avantages de la législation civile.[344]

L'*Ambrosiaster* est le seul écrivain ecclésiastique des cinq premiers siècles à permettre le remariage dans le cas où un homme se trouve séparé de son épouse adultère ou encore dans celui d'un homme ou d'une femme abandonnés par leur conjoint incroyant.[345]

---

343. Can. 13-19, Caus. XXXIII, qu. 5.

344. H. CROUZEL, *L'Église primitive face au divorce*, Paris, 1971, p. 68.

345. *Ibid.*, p. 274.

S. Jérôme a aussi bien hautement proclamé l'égalité de l'homme et de la femme en matière d'adultère et de séparation. Il n'y eut sous sa plume qu'expressions méprisantes et acerbes pour condamner la loi civile plus indulgente pour le mari.

Les conciles eurent évidemment à légiférer en la matière. Le Concile d'Elvire (vers 300) édictait un code du mariage déjà bien complet. Les canons 8 et 9 prononçaient des peines contre les femmes qui abandonnaient leur mari soit parce qu'il était incroyant, soit parce qu'il était adultère, et en prenait un autre. Dans le second cas, la femme ne pouvait être admise à la communion tant que son mari vivait, sauf si elle tombait gravement malade. Celles qui quittaient leurs maris sans raison et se remariaient, étaient exclues de la communion pour toujours et ne semblaient même pas admises à la pénitence.

Les canons 10 et 11 s'élevaient contre la femme qui épousait un homme qui avait déjà répudié sa première femme. Ce sont deux canons difficiles à expliquer, car la première partie du onzième est rattachée à la fin du dixième.

> Si un catéchumène abandonne (sans motif) sa femme non encore baptisée et si elle épouse un autre mari, elle peut être baptisée.
>
> De même si une catéchumène abandonne (sans raison) son mari non baptisé, et que celui-ci se marie, il peut être baptisé.
>
> Si une chrétienne épouse un homme qu'elle sait avoir illégalement répudié sa femme, elle ne pourra communier qu'à son lit de mort.
>
> Si une catéchumène épouse un homme qui a répudié illégalement sa femme, le baptême sera remis à cinq ans plus tard et elle ne pourra être baptisée que dans le cas d'une maladie grave.[346]

L'on voit que les Conciles avaient à coeur d'examiner tous les aspects des situations qui pouvaient se présenter, et prévoyaient des modalités adaptées aux différents cas.

---

346. HEFELE, *Histoire des Conciles*. Paris, 1907.

Nous avons déjà signalé que le canon 66 du Concile d'Elvire défendait curieusement aux catéchumènes ou femmes baptisées d'épouser des *comati* ou *viri cinerarii*. Quant au canon 81, il laissait voir la suspicion dans laquelle on tenait les femmes, puisqu'il spécifiait qu'elles ne pouvaient écrire en leur nom à des laïques chrétiens. Elles pouvaient cependant le faire au nom de leur mari, mais elles n'avaient pas le droit de recevoir de qui que ce soit des lettres d'amitié. L'Église espérait sans doute par ces règlements préserver la fidélité conjugale chez les femmes.

En réalité, le Concile d'Elvire donna le premier essai de législation canonique du mariage et, quoique antérieur à l'édit de Milan, il prouve que l'Église jouissait déjà à cette période d'une certaine liberté. La codification qui en résulta ne devint cependant officielle qu'après l'édit de Constantin.

Le Concile d'Arles eut lieu en 314: deux cents évêques y étaient présents pour représenter la chrétienté du temps. Il rappela aux hommes qui s'étaient séparés de leurs épouses coupables d'adultère qu'ils ne pouvaient se remarier même si le droit civil les y autorisait. Le canon 10 prévoyait un traitement différent pour l'homme et pour la femme. Avait-on déjà oublié que s. Paul et plusieurs Pères à sa suite avaient proclamé l'égalité des sexes devant la loi du Christ? En effet, il y était strictement interdit à la femme de se remarier sous peine d'excommunication perpétuelle. Par contre, on ne faisait que conseiller aux hommes encore jeunes de ne pas se remarier. Aucune peine n'était prévue pour eux dans ce cas. Au concile d'Ancyre (314), le canon 20 prescrivait pour la femme qui avait commis l'adultère, une pénitence de sept ans, dans laquelle divers degrés étaient prévus.

Le Concile de Néo-Césarée, au canon 2, se prononçait pour l'excommunication d'une femme qui épouserait son beau-frère. Si, en danger de mort, elle promettait en cas de guérison de rompre cette union, elle pouvait être admise à la pénitence. Ce canon est assez difficile à comprendre pour notre mentalité actuelle. Il était même contraire à la coutume juive (la loi du lévirat) et l'on se souviendra du cas de Ruth dans l'Ancien Testament.

Il faut rattacher aux législations des Conciles les *Épîtres canoniques* de s. Basile de Césarée, adressées en 314-315 à Amphiloque, évêque d'Iconium. C'est un recueil fort complet des lois ecclésiastiques sur le mariage. Les épîtres furent écrites pour l'Église d'Orient, mais l'on sait, par d'autres documents, que les mêmes règles valaient pour l'Église d'Occident.[347] Il a une conception de l'indissolubilité du mariage qui se situe entre celle du monde gréco-romain et celle de s. Paul. Pour les Juifs, les Grecs et les Romains, un mari ne commettait pas de faute s'il avait des rapports avec une fille non mariée, tandis que la femme mariée était considérée comme adultère dans tous les cas d'infidélité. Or pour s. Paul, les conjoints avaient un droit égal sur le corps de l'autre. Pour Basile, là où s. Paul aurait vu un adultère de l'homme, il n'y avait que fornication (can. 21). Mais la femme n'était jamais justifiée de rompre l'union conjugale. On attendait d'elle qu'elle supportât tout de son mari, comme s. Monique: coups, infidélités, dilapidation de sa fortune. Si la femme péchait, elle était considérée comme adultère, et son mari devait la renvoyer. S. Basile ne permettait cependant pas au mari divorcé de contracter un second mariage devant l'Église tant que sa femme vivait, mais il s'abstenait cependant de le punir s'il le faisait.

Il se dégage de tout ceci que l'Église a, dès les premiers siècles, tenté d'appliquer avec beaucoup de rigueur l'enseignement du Christ sur l'indissolubilité. Persuadée que l'idéal de virginité était de loin supérieur à celui du mariage, elle voulut donner à celui-ci des règles très strictes pour qu'il se rapprochât, malgré son aspect charnel, un peu plus de l'état de vie parfait. L'Église s'attribua des pouvoirs très étendus, puisque sa législation allait, dans le domaine matrimonial, presque à l'encontre des juridictions civiles. Elle souhaitait que les époux réalisent sur terre quelque chose qui serait à l'image mystique

---

347. H. CROUZEL, *L'Église primitive face au divorce*, pp. 137-151.

du Christ et de son Église. Comment imaginer une telle union autrement qu'indissoluble? L'*unitas carnis* devint même aux yeux des Pères et des canonistes une raison supplémentaire pour que le mariage ne puisse être dissous que par la mort.

«Le divorce, écrivait s. Jean Chrysostome, est un attentat à la fois à la nature et à la majesté de Dieu; à la nature, parce qu'il mutile une même chair; à la majesté de Dieu parce qu'il détruit l'indissolubilité du mariage voulue par Dieu.»[348] Il arriva ainsi que la *copula* justifiât aux yeux de l'Église l'infériorité de l'état marital en même temps qu'elle en faisait la grandeur, puisqu'elle justifiait son caractère essentiel, l'indissolubilité. Sans doute cette ambiguïté était-elle l'image même de notre condition humaine à laquelle le Christ était venu donner un but transcendantal.

Comment donner tort aux Pères d'avoir reconnu l'importance de l'étreinte sexuelle dans le mariage, puisqu'elle est peut-être l'expression la plus intime de la compréhension de deux êtres qui s'aiment? Malheureusement, ils ne la considéraient pas comme un moyen privilégié pour les deux époux de se manifester leur amour, mais bien plutôt comme une tolérance faite «à la chair» pour qu'en contrepartie elle créât des liens indestructibles. Cette contradiction semble à l'image même de la vie et de la nature humaine liées aux lois du changement et de l'évolution, bien que le moi profond aspire à l'unité et à la fidélité ou stabilité.

Les Évangélistes pressentaient que, même armés d'un profond désir de perfection, les hommes et les femmes resteraient toujours déchirés par ces appels contradictoires. Ils proposèrent donc la fidélité parfaite aux époux comme idéal, mais leur laissèrent entrouverte une porte de sortie. Nous la trouvons d'abord dans l'incise matthéenne.[349] L'Église orientale y a toujours vu, avec raison sans doute, une tolérance au rema-

---

348. *In illud: Propter fornicationis uxorem...* I, 33.

349. *Mt.* XIX, 9. «Or je vous le dis: quiconque répudie sa femme — *je ne parle pas de la fornication* — et en épouse une autre, commet un adultère.

riage d'un conjoint séparé après avoir été malheureux en mariage. Mais il y a un texte encore plus essentiel chez Matthieu et d'ailleurs tout aussi fondamental pour la virginité que pour le mariage.

> Les disciples lui disent: «Si telle est la condition de l'homme envers la femme; il n'est pas expédient de se marier.» Et lui de leur répondre: «Tous ne comprennent pas ce langage, mais ceux-là seulement à qui c'est donné. Il y a, en effet, des eunuques qui sont nés ainsi du sein de leur mère, il y a des eunuques qui le sont devenus par l'action des hommes, et il y a des eunuques qui se sont eux-mêmes rendus tels en vue du Royaume des Cieux. Comprenne qui pourra!»[350]

Le Christ parlait aux Pharisiens du mariage parfait, celui où l'homme ne sépare jamais ce que Dieu a uni. À cause de leur désarroi devant tant d'exigences, il ajouta: «Tous ne comprennent pas cette parole, mais ceux à qui c'est donné», et encore, «que celui qui peut comprendre comprenne». Il aurait donc souhaité idéalement que tous puissent respecter l'indissolubilité du mariage, car il faisait aussi de l'indissolubilité la marque de son alliance avec l'humanité. C'était oublier l'humaine infidélité.

Les gens qui s'aiment voudraient bien d'un amour qui rime avec toujours car il y a, dans l'homme, un instinct d'éternité et d'unité, malheureusement battu en brèche par sa condition d'être en évolution et voué à la mort. Comment arriver à maintenir l'équilibre entre ces deux mouvements contradictoires? À ceux qui avaient la foi, la grâce pouvait donner la force de la fidélité; pour les autres, l'on établit une loi d'autant plus stricte que les possibilités d'y contrevenir étaient nombreuses. La légalité et notre réalité ontologique restaient deux entités distinctes.

L'Église des premiers siècles, désireuse d'incarner au mieux dans la pratique la loi d'indissolubilité, décida de suppléer énergiquement à la faiblesse humaine. Le mariage

---

350. *Mt.* XIX, 10-13.

romain reposait sur le consentement mutuel des époux à rester unis, mais il pouvait être dissous par la volonté d'une des deux parties de mettre fin à ce contrat. Cette liberté, idéale en soi, avait, dans un contexte de détérioration morale, conduit à des abus auxquels la nouvelle loi de l'indissolubilité semblait pouvoir mettre fin. On la justifiait aussi par l'existence et la tolérance de l'*unitas carnis*, concession à la faiblesse humaine mais aussi motif de fidélité. N'avons-nous pas là une belle solution juridique tout à fait conforme au génie latin?

Pour le Christ, cependant, l'amour authentique devait être libre pour être vrai. Ne disait-il pas: «Il y a des eunuques qui sont nés ainsi du sein de leur mère, il a des eunuques qui sont châtrés par les hommes, il y a des eunuques qui se sont châtrés eux-mêmes pour le Royaume des Cieux». Comment interpréter ces paroles? Le Christ ne distingue-t-il pas, dans ces trois possibilités laissées aux hommes, ceux que leur nature incline à être fidèles, ceux qui le sont sous la contrainte de la loi et, enfin, ceux qui choisissent la fidélité librement, en vue de leur salut?

Les épisodes qui suivent éclairent un peu ce texte cryptique. On y voit Jésus proclamer qu'il faudra redevenir comme des enfants pour entrer dans le Royaume. Ensuite, il y a la rencontre avec le jeune homme riche en quête du chemin de la vie éternelle, mais qui repart parce qu'il ne peut envisager de quitter tous ses biens. L'inquiétude des disciples grandit, ils interrogent le Christ pour savoir qui sera sauvé et celui-ci leur rétorque: «Pour les hommes, c'est impossible, mais pour Dieu, tout est possible.»[351] Et pour éclairer encore sa pensée, Il leur raconte la parabole des ouvriers envoyés à la vigne. Qu'en conclure, si ce n'est que la justice divine ne repose pas toujours sur des principes aussi légalistes que ceux des hommes.

Sans doute l'Église tenta-t-elle d'aider les hommes et les femmes à mettre en pratique l'idéal du Christ. Pour cette raison, elle imagina une juridiction héritière de tout le fatras

---

351. *Mt.* XIX, 29, 26.

casuistique juif et gréco-romain. Cette juridiction ne pouvait en fait que servir de prothèse à ceux qui n'avaient pas la force morale suffisante pour choisir de plein gré les trois vertus sur lesquelles les anciens Romains avaient fait reposer la réussite du mariage. Cette structure, dans laquelle on avait enfermé l'épouse idéale, avait déjà en soi quelque chose de transcendantal mais qui pouvait encore être dépassé par une vision eschatologique de l'existence. Pureté ou fidélité, fécondité ou expression de l'amour des époux, ainsi que maîtrise des passions prenaient un sens différent dans cette optique. Et si l'indissolubilité du mariage était difficilement démontrable en droit naturel, elle devenait le corollaire possible d'une conception du mariage en vue de l'au-delà. L'indissolubilité avait déjà pu apparaître à des hommes justes et non chrétiens comme un idéal, car nous portons en nous naturellement un désir d'éternité, apparenté à notre nostalgie du retour au Paradis perdu et à notre crainte de la mort. Mais fallait-il dès lors que tous s'engagent dans une voie que, psychologiquement, ils n'étaient peut-être pas capables de suivre? L'Église décida que cette loi exigeante serait la même pour tous. Ne simplifiait-elle pas dès lors à outrance le message beaucoup plus nuancé du Christ? Ne faisait-elle pas passer l'efficacité juridique avant les vertus de compréhension et de miséricorde? Le mariage continuait d'être une institution humaine et Justinien avait très justement dit qu'il n'était réel que par l'amour seul.[352] Désormais, si ce sentiment cessait d'exister, les lois de l'Église étaient là pour lui servir de substitut. Certes, elles protégeaient de cette façon le bien commun, mais fallait-il pour autant qu'elles ignorent le bien personnel?

Retenons, en terminant, que désormais l'homme et la femme étaient mis sur un pied d'égalité devant la loi de l'indissolubilité. Nous assistons donc à une réhabilitation de la femme. Celle-ci et ses enfants sont désormais mieux protégés contre les initiatives de l'homme.

---

352. *Novelles* 74.

Cette conception plus exigeante du mariage était donc une tentative de réconciliation du masculin et du féminin, devenus idéalement *un* dans une structure véritablement transcendantale et, par là même, indissoluble. Il restera cependant toujours un écart inévitable entre l'idéal et la réalité.

Les sociétés et les êtres humains charrient d'ailleurs un désir mythique, profond et nostalgique d'un âge d'or où l'homme et la femme seraient invulnérables et à l'abri de tous les conflits. La réconciliation du moi et de l'autre, du féminin et du masculin en serait certes l'étape primordiale.

> En vérité, comme dit l'Apôtre Paul, dans le Seigneur, la femme ne va pas sans l'homme ni l'homme sans la femme (1 Cor. II, 11). Ces paroles acheminent au même royaume les deux sexes; le Christ appelle à la fois, sans les séparer, l'homme et la femme, que Dieu unit, que la nature assemble en leur donnant, par une admirable conformité, les mêmes gestes, les mêmes tâches. Dieu fait que par le lien du mariage, deux êtres n'en soient qu'un et qu'un seul en soit deux et que l'homme y découvre un autre lui-même, sans perdre sa singularité ou se confondre dans le couple...
>
> Ces paroles évoquent le plus grand projet de l'humanité; l'homme et la femme ont mis fin au procès du monde, qui traînait depuis des siècles.[353]

---

353. S. PIERRE CHRYSOLOGUE, *Sermon 99 sur Luc* 13, 20-21.

Conclusion

Le christianisme est donc venu, après certaines philosophies comme le stoïcisme, proclamer théoriquement qu'il pouvait exister une véritable égalité entre les hommes et les femmes. Il nous a semblé tout au long de cette étude que le principe ne fut par réellement accepté par les Pères de l'Église ni mis en pratique car il allait à l'encontre d'une tradition androcentrique.

Les Romains avaient cru à l'importance du rôle féminin dans la société et avait circonscrit son idéal de la femme dans un modèle bien défini. Le christianisme fit moins confiance à la nature humaine: il mit en place pour tous, mais particulièrement pour les femmes, une armature juridique plus rigide, qu'il justifiait par son eschatologie.

La conjoncture économique et sociale de Rome, à la suite des conquêtes, avait placé les femmes dans une atmosphère peu favorable à l'épanouissement des vertus. Les moralistes chrétiens profitèrent de ce désarroi pour durcir le modèle de la matrone romaine issu de l'esprit juridique, pratique et patriotique des Romains. Ils lui substituèrent un idéal nouveau, une législation plus rigide, reposant sur le principe de l'indissolubilité des engagements, conséquence de l'eschatologie. Alors qu'on aurait attendu que le message d'amour prêché par le Christ devienne le fondement même du mariage, l'Église vit plutôt, dans cette institution, le moyen de circonscrire la sexualité humaine dans des limites précises. Les Pères justifièrent le mariage par la fécondité alors que, dans la Rome antique, l'on avait déjà compris qu'il devait reposer d'abord sur l'épanouis-

Portrait de Julia Domna — (Bibliothèque Royale, Bruxelles)

sement des époux. C'est que l'Église avait pour la virginité consacrée une estime beaucoup plus haute que pour la vie conjugale.

La religion romaine avait laissé à la femme une possibilité de participer aux cérémonies et de jouer un rôle actif dans le culte. Par contre, l'Église ne lui fit pas la même confiance. Elle chercha à préserver la nature de la vierge consacrée et de la veuve, mais ne leur confia que des missions de service, sans véritable participation cultuelle. Cette méfiance de l'Église envers la femme trouvait, comme on l'a dit, son origine dans la psychologie même de l'homme, mais elle fut encore renforcée par l'héritage judaïque. La femme en Israël n'était considérée que pour sa fécondité et était écartée de tout service à l'autel à cause du tabou d'impureté.

Le christianisme proclamait l'égalité de l'homme et de la femme mais les préjugés des hommes, dans la société comme dans l'Église, restaient puissants. L'Église permit cependant à la femme de transcender sa nature, destinée uniquement et traditionnellement au mariage et à la fécondité, en l'incitant à consacrer sa virginité à Dieu.

Malheureusement, chez les Pères de l'Église, la pensée chrétienne était imprégnée de l'hérésie manichéenne, selon laquelle le corps, la sexualité véhiculaient le mal. On a montré également que la perspective eschatologique avait été une des raisons pour lesquelles le christianisme primitif n'avait pu élaborer une théologie du mariage. En effet, celle-ci aurait tout naturellement dû passer par une théologie de la sexualité. Les investigations actuelles de la psychologie ont établi que virilité et féminité sont deux réalités coexistantes dans chaque être humain. Auparavant, la féminité semblait entièrement incarnée par la femme et apparaissait aux yeux des hommes comme un état déficient qui nécessitait leur protection, désintéressée parfois, abusive le plus souvent.

Les Pères, loin de démythifier ces a priori sur les déficiences féminines, continuèrent à répéter et à perpétuer dans leurs attitudes les préjugés hérités tant de certaines philosophies comme le pythagorisme que des législations et des habitudes sociales de leur temps. N'oublions pas que le christianisme avait vu le jour dans une civilisation méditerranéenne très marquée par les rites agraires et le culte de la Déesse-Mère.

Il semble bien que les femmes de ce temps aient accueilli avec beaucoup d'espoir le message chrétien, qui mettait l'accent sur des valeurs comme l'amour du prochain, l'humilité, ainsi que le travail. Ces valeurs nouvelles pouvaient, en effet, socialiser la sexualité en détournant l'énergie libidinale de l'homme vers des buts plus sociaux.

Mais bien que le christianisme ait eu, dès l'origine, la conscience de l'injustice sociale dont les femmes étaient victimes, il n'a pu apporter de véritable révolution dans leur condition. Il restait trop imprégné par le mode de vie patriarcal des pays méditerranéens. La religion juive avait toujours mis à l'honneur la charité pour les opprimés, ainsi que l'horreur du mal. Lorsqu'il s'agissait des femmes, malheureusement, c'était le concept du mal, à cause des tentations qu'elles représentaient pour les hommes, qui prenait le pas sur l'idée de justice. Dans cette optique, on alla jusqu'à considérer les femmes comme des êtres inférieurs et impurs. Elles ne pouvaient aller à Dieu que par l'intermédiaire de l'homme qui, lui, était entré dans l'Alliance par la circoncision.

Cependant, les principes théoriques de l'égalité de tous les êtres humains énoncés par le Christ ou s. Paul ouvrirent la voie à un très long cheminement de l'humanité vers des sociétés plus soucieuses de justice. Si le discours des Béatitudes a pu être le prologue de nombreux mouvements de renouvellement de la société, ceux-ci n'ont cependant pas encore permis à l'activité créatrice des femmes de devenir vraiment libératrice. L'Évangile, si on avait voulu appliquer intégralement son message, aurait pu renouveler plus tôt la conception du rôle, dans le monde, de celles dont Mao Tsé-Toung dit qu'elles sont la moitié du Ciel. Le relèvement social, maintenant bien entamé dans certaines collectivités, s'accompagnera sans doute d'un affinement intellectuel et spirituel dont l'élément féminin devrait être non seulement la source d'inspiration, mais aussi la force motrice et le principal ouvrier.

Bibliographie

OUVRAGES DE CONSULTATION

BRUYLANTS, D.P., *Concordance verbale du Sacramentaire léonien*. Louvain, 1951.

CABROL et H. LECLERCQ, *Dictionnaire d'archéologie chrétienne et de liturgie*. Paris, 1903-1953.

The Cambridge Ancient History. 1928 *sqq.*

CAMELOT, Th., *Dictionnaire de spiritualité*. Paris, 1953.

Corpus Inscriptionum latinarum. Berlin, 1893-1955.

DAREMBERG, G. et E. SAGLIO, *Dictionnaire des Antiquités grecque et romaine*. Paris, 1877-1919, 5 vol.

DIELH, E., *Inscriptiones Latinae veteres Christianae*. Berlin, 1925-1931.

GODEFROID, J., *Dictionnaire de théologie catholique*. Paris, 1913.

Inscriptiones latinae selectae. Berlin, 1892-1916, 3 vol.

MIGNÉ, *Patrologie grecque*. Paris, 1857-1866, 166 vol.

MIGNÉ, *Patrologie latine*. Paris, 1844-1864, 221 vol.

Reallexikon für Antike und Christentum. Stuttgart, 1950.

OUVRAGES GÉNÉRAUX

BESNIER, M., *L'Empire romain de l'avènement des Sévères au Concile de Nicée*. Paris, 1937.

BOISSIER, G., *La Fin du paganisme*. Paris, 1891, 2 vol.

BOUCHE-LECLERCQ, A., *Histoire de la divination dans l'Antiquité*. Bruxelles, 1963, 4 vol.

CHAPOT, V., *Le Monde romain*. Paris, 1927.

CAYRE, F., *Patrologie et histoire de la théologie*. Paris, 1953, 3 vol.

CHRISTIANI, Chan., *Brève histoire des hérésies*. Paris, 1958.

CRESSON, A., *La Philosophie antique* Paris, 1949.

CUMONT, F., *Les Mystères de Mithra*. Bruxelles, 1900.

CUMONT, F., *Les Religions orientales*. Paris, 1929.

DUROSELLE, J.B., *Histoire du catholicisme*. Paris, 1949.

DURUY, V., *Histoire des Romains*. Paris, 1883, 7 vol.

DUSHESNE, Mgr, *Histoire de l'Église*. Paris, 1910, 3 vol.

ELIADE, M., *Traité d'histoire des religions*. Paris, 1959.

FESTUGIÈRE, J.A., *Le Monde gréco-romain*. Paris, 1935.

FUSTEL de COULANGES, *La Cité antique*. Paris, 1916.

GAUDEMET, J., *Institutions de l'Antiquité*. Paris, 1967.

HAYWARD, F., *Histoire des papes*. Paris, 1929.

HEURGON, J., *Rome et la Méditerranée occidentale*. Paris, 1969.

HOMO, L., *De la Rome païenne à la Rome chrétienne*. Paris, 1950.

HOMO, L., *Les Institutions politiques romaines*. Paris, 1970.

HUS, A., *Les Religions grecques et romaines*. Paris, 1961.

JONES, A.H.M., *Le Déclin du monde antique*. Paris, 1970.

PIGANIOL, A., *L'Empire chrétien*. Paris, 1947.

QUASTEN, J., *Initiation aux Pères de l'Église*. Paris, 1955-1963, 3 vol.

SANTIS, G. (de) *Storia dei Romani*. Florence, 1960.

TILLEMONT, Lenain de, *Mémoires pour servir à l'histoire ecclésiastique des six premiers siècles*. Paris, 1693-1712.

WERNER, Ch., *La Philosophie grecque*. Paris, 1962.

WESTERMARCK, E., *Histoire du mariage*. Paris, 1934, 6 vol.

WALLON, H., *Histoire de l'esclavage*. Paris, 1847.

SOURCES

AMBROISE, saint, *Traités de la virginité*. Trad. dom J. Mège. Paris, 1689.

AMBROISE, saint, *Des sacrements — Des mystères*. Paris, le Cerf, 1950.

AMBROISE, saint, *Traité sur l'Évangile de s. Luc*. Paris, le Cerf, 1956.

AMBROSIASTER, *Corpus ecclesiasticorum latinorum*. Acad. sc. Austriacae, 1966, vol. LXXXI.

ARISTOTE, *De l'âme*. Paris, Belles Lettres, 1966.

ARISTOTE, *De la génération et de la corruption*. Paris, Belles Lettres, 1966.

ARISTOTE, *De la richesse — De la prière*. Paris, P.U.F. 1968.

ARNOBE, *Adversus Nationes*. Westminster, The Newman Press, 1949.

ATHÉNAGORE, *Supplique au sujet des chrétiens*. Paris, le Cerf. 1943.

AUGUSTIN, saint, *Civitatae Dei*. Paris, Belles Lettres, 1961.

AUGUSTIN, saint, *Confessions*. Paris, Belles Lettres, 1947.

AUGUSTIN, saint, *De bono conjugalis — De conjugiis adulterinis — De sancta virginitatis — De bono viduitatis*. Dans l'édition des Bénédictins, 1869-1871.

AULU—GELLE, *Nuits attiques*. Paris, Nisard, 1895.

AUSONE, *Oeuvres en vers et en prose*. Paris, Garnier, 1934-1935.

BASILE le GRAND, *Homélies sur l'Hexaméron*. Paris, le Cerf, 1949.

BASILE le GRAND, *Lettres*. Paris, Belles Lettres, 1957-1961.

La Sainte Bible. Paris, le Cerf, 1955.

CLÉMENT d'ALEXANDRIE, *Le Prophétique*. Paris, le Cerf, 1962.

CLÉMENT d'ALEXANDRIE, *Le Pédagogue* I et II. Paris, le Cerf, 1960-1965.

CLÉMENT d'ALEXANDRIE, *Les Stromates* I et II. Paris, le Cerf, 1951-1954.

Codex Theodosianus. Edit. Th. Mommsen et P. Meyer, Berlin, 1954, 2 vol.

CYPRIEN, saint, *Epistulae.* Paris, Belles Lettres, 1945, 3 vol.

La Didascalie des douze apôtres. Frad. P. Nau. Paris. 1912.

Éloge funèbre d'une matrone romaine. Paris, Belles Lettres, 1945.

ÉPICTÈTE, *Entretiens.* Paris, Belles Lettres, 1950.

EUSÈBE de CÉSARÉE, *Histoire ecclésiastique.* Paris, le Cerf, 1952-1960, 4 vol.

Évangiles apocryphes. Paris, 1911-1914.

Évangile de Thomas. Paris, 1959.

L'Évangile selon Philippe. Paris, 1964.

L'Évangile spirituel de s. Jean. Paris, 1944.

Évangile de l'enfance. Paris, 1911-1914.

Les Évangiles de la Vierge. Paris, 1948.

Les Textes de Qumrân. Paris, 1963, 2 vol.

FLAVIUS JOSEPHE, *Histoire de la guerre des Juifs contre les Romains.* Paris, 1668.

GAIUS, *Institutes.* Paris, Belles Lettres, 1950.

GRÉGOIRE de NAZIANCE, *Lettres.* Paris, Belles Lettres, 1964, 2 vol.

GRÉGOIRE de NAZIANCE, *Poèmes et lettres.* Trad. P. Gallay, Paris, 1941.

GRÉGOIRE de NYSSE, *Traité de la virginité.* Paris, le Cerf, 1966.

GRÉGOIRE de NYSSE, *La Création de l'homme.* Paris, le Cerf, 1943.

GRÉGOIRE de NYSSE, *Traité de la perfection en matière de vertu.* Paris, le Cerf, 1955.

HERMAS, *Le Pasteur.* Trad. A. Lelong, Paris, 1912.

HIPPOLYTE de ROME, *Philosophoumena.* Trad. R. Rieder, Paris, 1928.

IGNACE d'ANTIOCHE, *Lettres.* Paris, le Cerf, 1944.

JEAN CHRYSOSTOME, *À une jeune fille sur le mariage unique.* Paris, Le Cerf, 1968.

JEAN CHRYSOSTOME, *La Virginité.* Paris, le Cerf, 1956.

JEAN CHRYSOSTOME, *Lettres à Olympias.* Paris, le Cerf, 1947.

JEAN CHRYSOSTOME, *Discours sur le mariage.* Paris, Garnier, 1933.

JEAN CHRYSOSTOME, *Lettres d'exil.* Paris, le Cerf, 1944.

JEAN CHRYSOSTOME, *Oeuvres complètes.* Trad. abbé Bareille, Paris, 1864-1878.

JÉROME, saint, *Oeuvres complètes.* Trad. P. Bareille, Paris, 1877-1884.

JÉROME, saint, *Lettres.* Paris, Belles Lettres, 1949 *sqq.,* 8 vol.

JUSTINIEN, *Digest.* Cambridge University Press, 1940.

JUSTINIEN, *Digeste.* Trad. H. Hulot, Paris, 1802-1805, 35 vol.

JUSTINIEN, *Les cinquante livres du Digeste, ou des Pandectes de l'empereur Justinien.* Metz, 1802-1805.

JUSTINIEN, *Novellae,* in Corpus Iuris Civilis. Edit. P. Krueger, Berlin, 1928-1954.

The Institutes of Justinian. Trad. Th. C. Sanders, Londres, 1941.

JUVÉNAL, *Satires.* Paris, Belles Lettres, 1951.

JUSTIN, *Apologies,* Trad. L. Pautigny, Paris, 1904.

MAITRE ECKHART, *Les Traités.* Paris, 1971.

MARC-AURÈLE, *Pensées.* Paris, Belles Lettres, 1964.

MARTIAL, *Épigrammes.* Paris, Belles Lettres, 1961, 3 vol.

MINUCIUS FELIX, *Octavius.* Paris, Belles Lettres, 1964.

MUSONIUS RUFUS, Trad. C. Lutz, New Haven, 1947.

ORIGÈNE, *Commentaires sur l'évangile selon s. Matthieu.* Paris, le Cerf, 1970.

ORIGÈNE, *Commentaires sur l'évangile selon s. Jean.* Paris, le Cerf, 1966.

ORIGÈNE, *Contre Celse.* Paris, le Cerf, 1960.

ORIGÈNE, *Esprit et feu.* Paris, le Cerf, 1959-1966.

ORIGÈNE, *Homélies sur la Genèse*. Paris, le Cerf, 1943.

ORIGÈNE, *Homélies sur le Cantique des cantiques*. Paris, le Cerf, 1953.

ORIGÈNE, *Homélies sur s. Luc*. Paris, le Cerf, 1962.

OROSE, *Adversus Paganos...* Lugduni Batavorum, 1738. Cf. Migne, *Patrologie latine*, t. 31.

Pauli sententiae. Cornell University Press, 1945.

PIERRE CHRYSOLOGUE, *Corpus christianorum*. Edit, pontif., 1975.

PHILON D'ALEXANDRIE, *De Decalogo*. Paris, 1965.

PHILON D'ALEXANDRIE, *Legum allegoriae*. Paris, le Cerf, 1962.

PHILOSTRATE, *The Life of Apollonius of Tyana*. Londres, Loeb, 1972, 2 vol.

PLATON, *Oeuvres complètes*. Paris, La Pléiade, 1950.

PRUDENCE, *Hamartigène-Psychomachie-Contre Symmaque*. Paris, Belles Lettres, 1943 *sqq.*, 4 vol.

SÉNÈQUE, *Sur la brièveté de la vie*. Paris, P.U.F., 1966.

SÉNÈQUE, *Lettres à Lucilius*. Paris, Belles Lettres, 1957, 3 vol.

SÉNÈQUE, *Des bienfaits*. Paris, Belles Lettres, 1927, 2 vol.

SÉNÈQUE, *Dialogues*. Paris, Belles Lettres, 1922-1944, 4 vol.

SÉNÈQUE, *Oedipe, Agamemnon, Thyeste, Hercule, Sur l'Oeta;* PSEUDO-SÉNÈQUE, *Octavie*. Paris, Belles Lettres, 1961.

SÉNÈQUE, *Controverses*. Paris, Garnier, 1932, 2 vol.

SIDOINE APOLLINAIRE, *Poèmes-Lettres*. Paris, Belles Lettres, 1970, 3. vol.

TERTULLIEN, *Apologies*. Paris, Belles Lettres, 1929.

TERTULLIEN, *La Chair du Christ*. Paris, le Cerf, 1975, 2 vol.

TERTULLIEN, *Sur la couronne*. Trad. J. Fontaine, Paris, 1966.

TERTULLIEN, *Traité sur le baptême*. Paris, le Cerf, 1952.

TERTULLIEN, *Traité de la prescription contre les hérétiques*. Paris, le Cerf, 1957.

TERTULLIEN, *Ad uxorem. De monogamia. De exhortatione castitatis,* in *Ancient Christian Writers.* New York, The Newman Press, 1951.

TERTULLIEN, *Apologétique.* Liège, 1919, et Paris, Belles Lettres, 1961.

TERTULLIEN, *La Toilette des femmes.* Paris, 1971.

THÉOPHRASTE, *La Métaphysique.* Trad. J. Tricot, Paris, 1948.

THÉOPHRASTE, *Caractères.* Paris, Belles Lettres, 1920.

Vie de sainte Mélanie. Paris, le Cerf, 1962.

OUVRAGES SPÉCIALISÉS

ALFÖDI, A., *The Conversion of Constantine and the Pagan.* Rome et Oxford, 1948.

ALLARD, P., *Le Christianisme et l'Empire romain de Néron à Théodose.* Paris, 1903.

ALLARD, P., *Les Esclaves chrétiens.* Paris, 1876.

ALLO, É.B., *Saint Paul, première épître aux Corinthiens.* Paris, 1956.

ANNÉ, L., *La Conclusion du mariage dans la tradition et le droit de l'Église latine jusqu'au VIe siècle.* Louvain, 1944.

ARCHAMBAULT, P., «Conception chrétienne de la femme», *Lumière et Vie,* 43 (juillet-août 1959).

AUDET, J.P., *La Didachè.* Instructions des apôtres. Paris, 1958.

AUDET, J.P., *Mariage et célibat dans le service pastoral de l'Église.* Paris, 1967.

BABELON, J., *Le Portrait dans l'Antiquité d'après les monnaies.* Paris, 1942.

BADR, M., *Les Formes du divorce en droit romain.* Paris, mémoire présenté à la Faculté de droit, 1961.

BADSON, A., *La Morale sociale des derniers stoïciens, Sénèque, Épictète et Marc-Aurèle.* Paris, 1967.

BARNES, T.D., *Tertullian, A Historical and Literary Study.* Oxford, 1971.

BERNANT, P.L., «La Signification du symbolisme conjugal dans la vie mystique», *Études carmélitaines*, 1952, pp. 380-389.

BICKEL, E., *Diatriben in Senecae Philosophi Fragmenta, de matrimonio*. Leipzig, 1915, vol. I.

BIONDI, B., *Il Diritto Romano Christiano*. Rome, 1954, 3 vol.

BLOND, G., «Les Encratites et la vie mystique», *Études carmélitaines,* pp. 117-130.

BOISSARD, E., *Questions théologiques sur le mariage*. Paris, 1949.

BOURBON-BUSSET, J. (de), *Homme et femme, il les créa,* Paris, 1969.

BOUTONNIER, J., *L'Angoisse*. Paris, 1945.

BOYER, L., *La Spiritualité du Nouveau Testament et des Pères*. Paris, 1960.

BRAUDILLART, A., *Moeurs chrétiennes et moeurs païennes*. Paris, 1936.

BRAUNSCHVIG, M., *La Femme dans la littérature latine*. Paris, 1918.

BREHIER, E., *Les Idées philosophiques et religieuses de Philon d'Alexandrie*. Paris, 1950.

BRIFFAULT, R., *The Mothers*. New York, 1927, 3 vol.

BROUDÉHOUX, J.P., *Mariage et famille chez Clément d'Alexandrie*. Paris, 1970.

BRUN, J., *Le Retour de Dionysios*. Paris, 1969.

BRUNOT, A., *Saint Paul et son message*. Paris, 1958.

BULTMANN, R., *Le Christianisme primitif*. Paris, 1969.

BUYTENDYK, F.J., *La Femme*. Paris, 1967.

CALLAHAN, soeur Cornelia, *L'Illusion d'Ève ou la difficulté d'être femme*. Paris, 1958.

CAMELOT, P., *Virgines Christi. La Virginité aux premiers siècles de l'Église*. Paris, 1944.

CAMELOT, P., «Les traités *De virginitate* au quatrième siècle», *Études carmélitaines,* 1952, pp. 273-292.

CAMUS, P.M., *Ammien Marcellin: témoin des courants culturels et religieux à la fin du IVe siècle*. Paris, 1967.

CAPOCCI, V., «Christiano», *Studia et documenta historiae et iuris*, 1970, pp. 21-23.

CARCOPINO, J., *De Pythagore aux apôtres*. Paris, 1956.

CAVALLERA, F., *Saint Jérôme, sa vie et son oeuvre*. Louvain, 1922, 2 vol.

CHARALAMBIDIS, S., *Le Diaconat*. Paris, 1969.

CHÉRUEL, J., *Brève histoire de l'ancienne littérature chrétienne*. Paris, 1962.

CHOURAQUI, J., *La Pensée juive*. Paris, 1965.

COLSON, J., *Les Fonctions ecclésiales aux deux premiers siècles. Textes et études théologiques*. Bruxelles, 1956.

CROUZEL, H., *Virginité et mariage selon Origène*. Paris-Bruges, 1961.

CROUZEL, H., «Les Pères de l'Église ont-ils permis le remariage après la séparation», *Bulletin de littérature ecclésiastique*, LXX (1969), pp. 3-43.

CROUZEL, H., *L'Église primitive face au divorce*. Paris, 1971.

DACIER, H., *S. Jean Chrysostome et la femme au quatrième siècle de l'Église grecque*. Paris, 1907.

DANIÉLOU, J., *Le Ministère des femmes dans l'Église ancienne*. Paris, 1960.

DANIÉLOU, J., *Message évangélique et culture héllénistique, au IIe et IIIe siècle*. Paris, 1961.

DANIÉLOU, J., *Mythes païens. Mystères chrétiens*. Paris, 1966.

DEMAROLLE, J.M., «Les Femmes chrétiennes vues par Porphyre», *Jahrbuch für Antike und Christentum*, 118 (1970).

DESCLAUX, P., «Aspects du comportement sexuel de l'homme», *Études carmélitaines*, 1952, pp. 197 *sqq*.

DÉTIENNE, M., *Les Jardins d'Adonis*. Paris, 1972.

DOLTO, F., «Continence et sexualité» *Études carmélitaines*, 1952, pp. 218-219.

DONALDSON, J., *Woman, Her Position and Influence in Ancient Greece and Rome, and among the Early Christians*. Londres, 1907.

DUMÉZIL, G., *La Religion romaine archaïque*. Paris, 1966.

DUPONT, J., *Mariage et divorce dans l'Évangile*. Bruges, 1959.

DURAND, G., «Réflexion morale», *Le Divorce*. Congrès de la Société canadienne de théologie, 1972.

DUVIAL, Y.M., «Sur une page de s. Cyprien chez s. Ambroise», *Revue des études augustiniennes*, XVI (1970), pp. 25-34.

ELIADE, M., *Aspects du mythe*. Paris, 1963.

ELIADE, M., *Le Mythe de l'éternel retour*. Paris, 1949.

ELIADE, M., *Images et symboles*. Paris, 1952.

ELIADE, M., *Mythes, rêves et mystères*. Paris, 1957.

ELIADE, M., *La Nostalgie des origines*. Paris, 1971.

ELIADE, M., *Forgerons et alchimistes*. Paris, 1956.

ELIADE, M., «Chasteté, sexualité et vie mystique chez les Primitifs», *Études carmélitaines*, 1952, pp. 29-50.

ESMEIN, A., *Le Mariage en droit canonique*. Paris, 1891.

EVDOKIMOV, P., *La Femme et le salut du monde*. Tournai, 1958.

EVDOKIMOV, P., *Sacrement de l'amour: le mystère conjugal à la lumière de la tradition orthodoxe*. Paris, 1962.

FABRÈGUES, J., (de), *Le Mariage chrétien*. Paris, 1958.

FERASIN, E., *Matrimonio e celibato al Concilio di Trente*. Rome, 1970.

FLEISCHMANN, E., *Le Christianisme mis à nu. La critique juive du christianisme*. Paris, 1970.

GALOT, J., «Vierge entre les vierges», *Nouvelle revue théologique*, 1957, pp. 463-477.

GAUDEMET, J., «L'Apport de la patristique latine au décret de Gratien en matière de mariage», *Studio Gratiano*, II (1954), pp. 51 *sqq*.

GAUDEMET, J., «La Décision de Calixte en matière de mariage», *Studi in onore di E. Paoli*. Florence, 1955, pp. 333-344.

GAUDEMET, J., *L'Église dans l'Empire romain*. Paris, 1958.

GAUDEMET, J., «Les Transformations de la vie familiale au Bas-Empire et l'influence du christianisme», *Romanitas*, IV (1962), pp. 58-65.

GAUDEMET, J., «Aspects sociologiques de la famille romaine», XLII (1963), pp. 215-232.

GENTILI, E., *L'Amour dans le célibat*. Gembloux, 1970.

GOLD, J., «Vierge entre les vierges», *Nouvelle revue théologique,* 95, pp. 463-477.

GRÉGOIRE, H., *Les Persécutions dans l'Empire romain*. Bruxelles, 1964.

GRIFFE, E., *Les Persécutions contre les chrétiens aux Ier et IIe siècles*. Paris, 1967.

GRYSON, R., *Le Prêtre selon saint Ambroise*. Louvain, 1968.

GRYSON, R., *Les Origines du célibat ecclésiastique du premier au septième siècle*. Gembloux, 1970.

GRYSON, R., *Le Ministère des femmes dans l'Église ancienne*. Gembloux, 1972.

GUIGNEBERT, Ch., *Tertullien. Étude sur ses sentiments à l'égard de l'empire et de la société civile*. Paris, 1901.

GUIGNEBERT, Ch., *Le Monde juif vers le temps de Jésus*. Paris, 1935.

GUY, J. Cl., et F. REFOULZÉ, *Chrétiennes des premiers temps*. Paris, le Cerf, 1965.

HAMMAN, A., *L'Empire et la croix*. Paris, 1957.

HAMMAN, A., *Vie liturgique et vie sociale*. Paris, 1958.

HAMMAN, A., *Guide pratique des Pères de l'Église*. Paris, 1967.

HAMMAN, A., *La Vie quotidienne des premiers chrétiens*. Paris, 1971.

HARDING, E., *Le Mystère de la femme dans les temps anciens et modernes*. Paris, 1953.

HEFELE, K.J., *Histoire des Conciles*. Paris, 1907, 6 vol.

HENRY, P., *Plotin et l'Occident*. Louvain, 1934.

HOMO, L., *De la Rome païenne à la Rome chrétienne*. Paris, 1950.

HOUTIN, A., *Courte histoire du célibat ecclésiastique*. Paris, 1922.

HUMBERT, M., *Le Remariage à Rome*. Milan, 1972.

IMBERT, J., «Réflexions sur le christianisme et l'esclavage en droit romain», *Revue internationale des droits de l'Antiquité*, 1949, pp. 445-476.

IZARNI, d',«Mariage et consécration virginale au IVe siècle» *Vie spirituelle*, 24 (février 1952) pp. 92-107, 26 (février 1954) pp. 477-489.

JAMES, E.O., *Le Culte de la Déesse-mère*. Paris, 1960.

JANKÉLÉVITCH, V., *Le Pur et l'impur*. Paris, 1960.

JAUBERT, A., *Les premiers chrétiens*. Paris, 1967.

JEANNAIRE, H., «Sexualité et mysticisme dans les anciennes sociétés helléniques», *Études carmélitaines*, 1952, pp. 51-60.

JEANNE d'ARC, soeur, «La Chasteté et la virginité consacrée dans l'Ancien et le Nouveau Testament», *Problèmes de la religieuse d'aujourd'hui*, 7, pp. 11-35.

JENSEN, A.E., *Mythes et cultes chez les peuples primitifs*. Paris, 1954.

JONKERS, E.J., «De l'influence du christianisme sur la législation relative à l'esclavage», *Mnémosyme*, 1 (1933-34), pp. 241-280.

JOUASSARD, G., «Un Portrait de la ste Vierge par s. Ambroise», *Vie spirituelle*, 90 (1954), pp. 477-489.

KRAMER, S.N., «Le Rite sacré Dumuzi-Inana», *Revue de l'histoire des religions*, CLXXXI, 2 (1972), pp. 121-146.

LA BONNARDIÈRE, A.M., *Chrétiennes des premiers siècles*. Paris, 1957.

LABRIOLLE, P. de, «Mulieres in ecclesia taceant: un aspect de la lutte antimontaniste», *Bulletin d'ancienne littérature et d'archéologie chrétienne*, 1911,, pp. 4-24 et 103-122.

LABRIOLLE, P. de, *La Réaction païenne. Étude sur la polémique anti-chrétienne du Ier au VIe siècles*. Paris, 1934.

LABRIOLLE, P. de, «Un Épisode de l'histoire de la morale chrétienne. La lutte de Tertullien contre les secondes noces», *Annales de philosophie chrétienne,* pp. 362-388.

LABRIOLLE, P. de, *Histoire de la littérature latine chrétienne.* Paris, 1947.

LAPRAT, R., «Le Rôle de la materfamilias romaine d'après saint Augustin», *Revue du Moyen-Âge latin,* I (1954), pp. 129-148.

LAUGIER, J.L., *Tacite.* Paris. 1969.

LE BLANT, É., *La Richesse et le christianisme à l'âge des persécutions.* Paris, 1877.

LE BLANT, É., *Les Chrétiens dans l'Église aux premiers âges de l'Église.* Paris, 1882.

LEBON, J., «Apostolicité de la médiation mariale», *Recherches de théologie ancienne et médiévale,* t. III (1930).

LEBRETON, J. et J. ZEILLER, *Histoire de l'Église de la fin du IIe siècle à la paix constantinienne.* Paris, 1946.

LECARME. Ph., *L'Église et l'État contre la femme.* Paris, 1968.

LECLERCQ, M., *Le Divorce et l'Église.* Paris, 1969.

LEDERER, Dr W., *Gynophobeia ou la peur des femmes.* Paris, 1970.

LEIPOLT, W., *Die Frau in des antiken Welt und Urchristentum.* Leipzig, 1954.

LÉON-DUFOUR, X., *Les Évangiles et l'histoire de Jésus.* Paris, 1963.

LEPELLEY, Cl., *L'Empire romain et le christianisme.* Paris, 1969.

Le Problème féminin. Les enseignements pontificaux. Paris-Bruges, 1953.

LEVY-BRUHL, H., *Nouvelles études sur le très ancien droit romain.* Paris, 1947.

LIGIER, L., *Péché d'Adam et péché du monde.* Paris, 1961.

LILAR, S., *Le Malentendu du deuxième sexe.* Paris, 1970.

MAERTENS, Th., *La Promotion de la femme dans la Bible.* Tournai, 1964.

MALINGREY, A.M., *La Littérature grecque chrétienne*. Paris, 1968.

MALINOWSKI, B., *La Sexualité et sa répression dans les sociétés primitives,* Paris, 1967.

MARROU, H.-I., *Saint Augustin et la fin de la culture antique*. Paris, 1949.

MARROU, H.-I., «L'Idéal de la virginité et la condition de la femme dans la civilisation antique», *Problèmes de la religieuse d'aujourd'hui,* 7, pp. 39-49.

MARTHA, C., *Les Moralistes sous l'Empire romain*. Paris, 1907.

MÈGE, dom Joseph, *Dissertation où l'on explique l'origine, l'excellence et les avantages de l'état de la virginité, avec divers traités de s. Ambroise sur le même sujet*. Paris, 1689.

MESLIN, M., «Sainteté et mariage au cours de la seconde querelle pélagienne», *Études carmélitaines,* 1952, pp. 293-307.

MESLIN, M., *Le Christianisme dans l'Empire romain*. Paris, 1970.

MESLIN, M. et R. PALANQUE, *Le Christianisme antique*. Paris, 1967.

METZ, R., *La Consécration des vierges dans l'Église romaine*. Paris, 1954.

METZ, R., «Le Statut de la femme en droit canonique médiéval», *Recueil Jean Bodin*. Bruxelles, 1962, t. II, pp. 69-113.

METZKE, E., «Anthropologie des sexes», *Lumière et Vie*, 43, pp. 27-52.

MICHEL, A., *Histoire des doctrines politiques à Rome*. Paris, 1971.

MOINGT, J., «Le Divorce pour motif d'impudicité (Matth., 5, 32 et 19, 9)», *Revue des sciences religieuses,* LVI (1968), pp. 337-384.

MONCEAUX, P., *Saint Cyprien*. Paris, 1927.

MOREAU, E (de) «Le Rôle de la femme dans la conversion des peuples païens» *Nouvelle revue théologique*, 1931, pp. 317-339.

MOREAU, J., *La Persécution du christianisme dans l'Empire romain*. Paris, 1956.

MORGENSTERN. J., *Rites of Birth, Marriage, Death and Kindred Occasions Among the Semites*. Chicago, 1966.

MOULARD, A., *Saint Jean Chrysostome, sa vie, son oeuvre*. Paris, 1944.

NAUTIN, P., *Lettres et écrivains chrétiens des IIe et IIIe siècles*. Paris, 1961.

NEUMANN, Ch.W., *The Virgin Mary in the Works of saint Ambrose*. Fribourg, 1962.

NODET, Ch.H., «Position de s. Jérôme en face des problèmes sexuels». *Études carmélitaines,* 1952, pp. 315-335.

OLPHÉ-GAILLARD, M., «La Virginité consacrée dans L'Occident latin», *Problèmes de la religieuse d'aujourd'hui,* VII, pp. 71-90.

OLTRAMARE, A., *Les Origines de la diatribe romaine*. Lausanne, 1926.

ORESTANO, R., «Alcune considerazioni sui rapporti fra matrimonio romano e matrimonio cristiano nell'età postclassica», *Scritti di dir. rom. in onore di C. Ferrini,* Milan, 1943, pp. 346 *sqq*.

PAILLARD, J., *Règlement de comptes avec s. Paul*. Paris, 1969.

PALANQUE, J.R., *Saint Ambroise et l'Empire romain*. Paris, 1933.

PELLE-DOUEL, Y., *Être femme*. Paris, 1967.

PÉPIN, J., *Mythe et allégorie*. Paris, 1958.

PERNARD, L., *Le Droit romain et le droit grec*. Lyon, 1900.

PEROWNE, *Les Césars et les saints*. Paris, 1964.

PESTALLOZA, U., *L'Éternel féminin dans la religion méditerranéenne*. Bruxelles, 1965.

PIPER, O., *L'Évangile et la vie sexuelle*. Paris, 1955.

PUECH, A., *S, Jean Chrysostome et les moeurs de son temps*. Paris, 1891.

QUÉRÉ-JAULNES, F., *Le Mariage dans l'Église ancienne*. Paris, 1969.

QUÉRÉ-JAULNES, F., *La Femme, les grands textes des Pères de l'Église*. Paris, 1968.

QUÉRÉ-JAULNES, F., «Grégoire de Naziance et la parure féminine», *Revue des sciences religieuses,* 42 (1968), pp. 62-71.

RENAN, E., *Histoire des origines du christianisme.* Paris, 1947.

RICCOBONO, S., «L'Influsso del christianismo sul diritto romano,» *Atti del congresso internazionale di dirrito romano,* Rome, 1935, vol. II, pp. 59-78.

Riches et pauvres dans l'Église ancienne, Lettres chrétiennes, 6, Paris, 1968.

RIEDMATTEN., Léon de, *Le Problème social à travers l'histoire.* Versailles, 1957.

RIGAUD, L., *L'Évolution du droit de la femme de Rome à nos jours.* Paris, 1930.

RITZER, K., *Le Mariage dans les Églises chrétiennes du Ier au IXe siècles.* Paris, 1965.

ROBLEDA. A., El matrimonio en derecho romano. Rome, 1970.

RODIS-LEWIS, G., *La Morale stoïcienne.* Paris, 1970.

RONDET, R., «Le Péché originel dans la tradition», *Bulletin de littérature ecclésiastique,* LXVII (1966), pp. 115-148.

ROUSSEAU, O., «Virginité et chasteté chez les Pères grecs», *Problèmes de la religieuse d'aujourd'hui,* 7, pp. 51-69.

RUSCHE, H., *Femmes de la Bible, témoins de la foi.* Paris, 1965.

SAUVÉ, M., *La Femme dans la Bible. Sa destinée.* Thèse de doctorat, Université de Montréal, 1962.

SAVEUT, G., *Elle sans lui.* Paris, 1958.

SCHILLING, R., «Vestales et vierges chrétiennes dans la Rome antique», *Revue des sciences religieuses,* 35 (1961), pp. 114-119.

SELTMAN, Ch., *La Femme dans l'Antiquité.* Paris, 1956.

SIMON, M., *Les Premiers Chrétiens.* Paris, 1952.

SIMON, M., «Situation du judaïsme alexandrin dans la diaspora», dans *Philon d'Alexandrie,* C.N.R.S., Paris, 1967.

SIMON, M. et A. BENOIT, *Le Judaïsme et le christianisme antiques,* Paris, 1968.

SHERWIN-WHITE, A.R., *Roman Society and Roman Law in N.T.,* Oxford, 1963.

SPANNEUT, M., *Tertullien et les premiers moralistes africains.* Gembloux, 1969.

STEIN, É., *La Femme et sa destinée.* Paris, 1956.

STEININGER, V., *Peut-on dissoudre le mariage?* Paris, 1970.

STEINMANN, J., *Tertullien*, Paris, 1967.

THIBON, G., «Médecine et sexualité», *Études carmélitaines*, 1952, pp. 195-214.

THAMIN, R., *S. Ambroise et la morale chrétienne au IVe siècle.* Paris, 1895.

THOMAS, J.A.C., «Lex Iulia de adulteriis coercendi», *Mélanges Macqueron,* Aix-en-Provence, 1970, pp. 637-644.

THOMASSIN, L., *Ancienne et nouvelle discipline dans l'Église.* Bar-le-Duc, 1864-1867.

THONNARD, F.J., «La Morale conjugale selon s. Augustin», *Revue des études augustiniennes,* XV (1969), pp. 113-131.

THURIAN, M., *Mariage et célibat.* Neufchâtel, 1964.

TOUTAIN, J., *Les Cultes païens dans l'Empire romain.* Paris, 1967, 2 vol.

TRESMONTANT, Cl., *Les Origines de la philosophie chrétienne.* Paris, 1962.

TROPLONG, M., *Influence du christianisme sur le droit romain.* Paris, 1912.

TURCK, A., *Évangélisation et catéchèse aux deux premiers siècles.* Paris, 1962.

TURMEL, J., *Turtullien.* Paris, 1964.

VACANDARD, E., «Les Origines du célibat ecclésiastique», *Revue du clergé français*, 41 (1905), pp. 252-289.

VINATIER, J., *La Femme, parole de Dieu et avenir de l'homme.* Paris, 1972.

VOLTERRA, E., *Lezioni di diritto romano* Rome, 1961.

VOLTERRA, E., «Matrimonio», *Estratto del Novissimo Digesto Italiano.*

VOLTERRA, E., «Sponsali», *Estratto del Novissimo Digesto Italiano.*

VOLTERRA. E., «Divorzio» *Estratto del Novissimo Digesto Italiano.*

VOLTERRA, E., *Sul consenso della filiafamilias agli sponsali.* Rome, 1929.

VOLTERRA, E., «Ancora sul consenso della filiafamilias agli sponsali», *Rivista Italiana per le Scienze Giuridiche,* XIII (mars 1935).

VOLTERRA. E., *Osservazioni intorno agli antichi sponsali romani.* Milan. 1962.

VOLTERRA. E., «Alcune innovazioni giustiniae al sistema classic di repressione dell adulterio» *Reale Istituto Lombardo di Scienze e Lettere.* Milan, 1930.

VON CAMPENHAUSEN, H., *The Virgin. Birth in the Theology of the Ancient Church.* Londres, 1964.

VON CAMPENHAUSEN, H., *Les Pères latins.* Paris, 1967.

WIESSEN, D.S., *St. Jerome as a Satirist.* Cornell University Press, 1964.

WITTE, J. (de) *Du christianisme de quelques impératrices avant Constantin Sim.* Paris, 1853.

ZEILLER, J., *L'Empire romain et L'Église.* Paris, 1928.

Table des matières

Introduction	5
I — L'ÉTAT DE VIRGINITÉ	9
1. Introduction	9
2. Les Pères de l'Église grecque et la virginité	18
3. Le gnosticisme	25
4. Saint Ambroise	28
5. Saint Jérôme	42
6. Débuts d'une organisation matérielle de l'état de virginité	60
II — LE MARIAGE	72
1. Saint Paul et le mariage	77
2. Essai d'éclaircissement sur les préventions des auteurs chrétiens contre les femmes	84
3. Les Pères de l'Église et le mariage	91
a) Opinions de quelques Pères grecs	94
b) Tertullien	101
c) Saint Ambroise	111
III — LES SECONDES NOCES	118
1. Tertullien	119
2. Saint Jérôme	122
3. Saint Augustin	125
4. Aperçu sur la position de l'Église et de l'État sur le veuvage	127

IV — DÉBUTS D'UNE JURIDICTION CANONIQUE DU MARIAGE	135
1. Les Fiançailles	139
2. Empêchements au mariage	144
3. Cérémonies du mariage	150
4. Divorce. Indissolubilité du mariage chrétien	155
Conclusion	170
Bibliographie	175
Table des matières	193

Collection
Notre temps

1. L'AMOUR HUMAIN, Gérard Blais
2. CHRISTOLOGIE POUR NOTRE TEMPS, Jacques Doyon
3. L'HOMME DE DEMAIN, François Bouchard
4. CITOYEN ET CHRÉTIEN FACE À LA RÉVOLUTION DES COMMUNICATIONS SOCIALES, John W. Mole
5. L'ÉGLISE ET LA JEUNESSE DU MONDE, François Bouchard
6. AMOUR, SEXE ET MARIAGE, Fritz Leist
7. LA SOCIOLOGIE CONTRE LA FOI?, Michel Émard
8. L'ÉQUILIBRE CHEZ LE CROYANT, Hugues J. O'Connell
9. L'HONNÊTETÉ HUMAINE, Gérard Blais
10. LA RELIGION AU CREUSET DE L'EXPÉRIENCE, Pierre Lippert
11. LE PRÉJUGÉ DE LA CONSCIENCE, Otto Baumhauer
12. SOLITUDE ET PRÉSENCE, Mario Alberton
13. AU SEUIL DE LA PROMESSE DIVINE, Jean Byrne
14. LE DIALOGUE DE GROUPE EN PAROISSE, Thérèse Hauser
15. TERREURS ET ESPOIRS DE L'AN 2000, François Bouchard
16. AUJOURD'HUI, Robert Talbot
17. L'EUTHANASIE, Jean Mahig
18. LES PSYCHOTIQUES, Dominique Casera
19. FOI CHRÉTIENNE ET CONSCIENCE SOCIALE, Jean-Guy Morissette
20. L'ESPÉRANCE SANS ILLUSIONS, Benoît Lemaire
21. LA RÉINCARNATION: RÊVE OU RÉALITÉ, Edmond Robillard
22. LA CONDITION FÉMININE ET LES PÈRES DE L'ÉGLISE LATINE, Flore Dupriez
23. ÉVANGÉLISATION PAR LA PERSONNALISATION, Pauline Gosselin

En préparation:
24. LE CORTÈGE DES FOUS DE DIEU, Richard Bergeron

Imprimerie des Éditions Paulines, 250 nord, boul. St-François, Sherbrooke, Qué. J1E 2B9
IMPRIMÉ AU CANADA

La condition féminine et les Pères de l'Église latine

Flore Dupriez

La condition féminine est un sujet aujourd'hui brûlant mais on en discutait déjà à Rome lorsqu'apparut le christianisme. De profonds bouleversements sociaux et moraux s'étaient opérés et les femmes s'étaient quelque peu libérées. Les esprits n'étaient pas prêts pour autant à accepter le nouveau modèle de femme qui n'était plus celui de la matrone féconde et vertueuse.

C'est dans cette conjoncture qu'on va voir le christianisme redéfinir le rôle de la femme moins dans un esprit égalitaire qui était celui du Christ que dans l'esprit juridique des Romains. La morale chrétienne s'élaborera surtout en réaction contre les abus de la sexualité et ce sont les femmes qui vont en être, si l'on peut dire, les boucs émissaires.

Les Pères de l'Église ont fait alors l'éloge de la vierge et le mariage, à leurs yeux, n'était que toléré. Cet « idéal » a-t-il servi ou desservi la reconnaissance du rôle de la femme dans l'Église et dans la société ?

Auteur d'une thèse de doctorat sur la Condition de la femme romaine sous le Haut Empire et l'influence du christianisme *(Université de Montréal, 1976) — qui faisait suite à une licence en histoire ancienne (1957, Université de Louvain, Belgique) — Flore DUPRIEZ est actuellement chargée de cours aux départements d'histoire et de sciences religieuses à l'Université du Québec à Montréal.*

ACME
BOOKBINDING CO., INC.

APR 2 4 1984

100 CAMBRIDGE STREET
CHARLESTOWN, MASS.